高等院校电子商务类新形态系列教材

电子商务视觉设计

全彩微课版

孟静 王然 / 主编
伍晓青 陈静 代小飞 / 副主编

人民邮电出版社
北京

图书在版编目（CIP）数据

电子商务视觉设计：全彩微课版 / 孟静，王然主编
. -- 北京 : 人民邮电出版社，2023.1（2024.6重印）
高等院校电子商务类新形态系列教材
ISBN 978-7-115-60102-5

Ⅰ. ①电… Ⅱ. ①孟… ②王… Ⅲ. ①电子商务－视
觉设计－高等学校－教材 Ⅳ. ①F713.36②J062

中国版本图书馆CIP数据核字（2022）第176814号

内 容 提 要

本书采用视觉设计理论与视觉设计实战相结合的方式，详细地介绍了电子商务视觉设计的思路和具体的实现方法。本书共 8 章，包括电商视觉设计基础、电商网站视觉配色设计、商品图片的美化与修饰、营销推广图视觉设计、店标与店招视觉设计、网店首页视觉设计、商品详情页视觉设计和移动端淘宝网店装修实战等内容。本书结构清晰，图文并茂，可有效引导读者对网店页面进行视觉设计与装修，使其掌握职业技能并提高职业素养。

本书提供 PPT 课件、教学大纲、电子教案、素材文件等资源，授课教师可登录人邮教育社区免费下载。

本书不仅可作为院校相关专业及电子商务技能培训的学习教材，也可作为网店店主、电商美工设计人员等电商从业者的学习参考用书。

◆ 主　编　孟　静　王　然
　　副主编　伍晓青　陈　静　代小飞
　　责任编辑　孙燕燕
　　责任印制　李　东　胡　南
◆ 人民邮电出版社出版发行　　北京市丰台区成寿寺路 11 号
　　邮编　100164　　电子邮件　315@ptpress.com.cn
　　网址　https://www.ptpress.com.cn
　　北京宝隆世纪印刷有限公司印刷
◆ 开本：700×1000　1/16
　　印张：14　　　　　　　　　　2023 年 1 月第 1 版
　　字数：267 千字　　　　　　　2024 年 6 月北京第 3 次印刷

定价：69.80 元

读者服务热线：(010)81055256　印装质量热线：(010)81055316
反盗版热线：(010)81055315
广告经营许可证：京东市监广登字 20170147 号

前　言

国家统计局数据显示，2022年上半年全国网上零售额达6.3万亿元，其中，实物商品网上零售额为5.45万亿元，同比增长5.6%，占社会消费品零售总额的比重为25.9%，较2021年同期提升2.2个百分点。如此诱人的市场让不少人决定在网上开店。虽然网店很多，但是有很大一部分的网店销售量非常少，几天甚至半个月才能卖出一件商品，为什么会这样呢？其中一个重要原因就是网店的视觉设计做得不是太好。

科学分析论证表明，视觉化的内容往往比单纯的文字更有吸引力、更容易被人理解且产生的记忆更长久，视觉化内容被分享的可能性是其他形式内容的40倍，因此电商视觉设计很大可能会影响消费者的决策。电商企业可以通过视觉设计来争夺流量，激发消费者的购买欲望，使其产品在同样的流量下获得更高的点击率。

党的二十大报告强调，教育、科技、人才是全面建设社会主义现代化国家的基础性、战略性支撑。本书的编写目的正是培养更多的电商视觉设计人才。全书以应用为主线，通过理论与实践相结合的方式，帮助读者快速掌握电商视觉设计的相关知识和技巧。

本书具有以下特色。

第一，案例主导，学以致用。本书精选了大量经典的设计案例，并给出了详细的分析，以帮助读者快速了解高人气网店页面设计的趋势，以及流行的设计技术等。

第二，重在实操，实战性强。本书结合电商视觉设计岗位的实际需求进行设计，对需要掌握的各种设计技能以案例的形式进行实战演练。本书每章中还设计了"应用实例"和"课后练习题"模块，以加强读者对知识的理解和运用能力。

第三，同步微课，全彩印刷。本书每章均提供案例操作的微课视频，以帮助读者直观地学习视觉设计的操作步骤。本书采用全彩印刷方式给读者提供更好的视觉体验。

第四，配套资源丰富，支持教学。本书提供配套的书中案例的素材文件、PPT 课件、教学大纲、电子教案等资源，授课教师可登录人邮教育社区（www.ryjiaoyu.com）免费下载。

本书由孟静、王然担任主编，伍晓青、陈静、代小飞担任副主编。在编写本书的过程中，编者参考了一些学者的著作和文献，在此向他们表示诚挚的感谢。

编　者

CONTENTS

目　录

电商视觉设计基础

 知识目标

- ◢ 熟悉电商视觉设计的相关概念。
- ◢ 熟悉电商视觉设计人员的工作范畴。
- ◢ 熟悉电商视觉设计的准备工作。
- ◢ 熟悉电商视觉设计的工作流程与电商视觉设计人员的岗位职责。

技能目标

- ◢ 掌握电商视觉设计中文字的应用方法。
- ◢ 掌握电商视觉设计中常用的构图方法。

素质目标

- ◢ 具备较强的视觉设计专业知识。
- ◢ 具备良好的审美素养及设计理念。

对电商企业来说，视觉设计可以在增强网店和商品吸引力的同时，增加网店流量和成交量，给消费者带来更好的购物体验，在消费者心目中塑造良好的品牌形象。通过对本章的学习，读者可以掌握电商视觉设计的相关概念和电商视觉设计人员的工作范畴、电商视觉设计的准备工作、电商视觉设计中的文字应用、电商视觉设计中的常用构图方法、电商视觉设计的工作流程与电商视觉设计人员岗位职责等知识。

1.1 电商视觉设计概述

视觉是人类感知外界的重要手段之一，大量的外界信息通过人的视觉进行收集与汇总。电商视觉设计效果对消费者的购买行为具有决定性的影响，因此，做好电商视觉设计是至关重要的。

1.1.1 电商视觉设计的相关概念

下面介绍电商视觉设计的相关概念，包括视觉识别系统、视觉传达设计、电商视觉设计。

1. 视觉识别系统

视觉识别系统来源于企业形象识别系统（Corporate Identity System，CIS）。20 世纪 50 年代中期，IBM 公司在其设计顾问提出的"通过一些设计来传达 IBM 的优点和特点，并使公司的设计统一化"倡议下，首先推行了企业形象识别系统设计。随后，一些大中型企业纷纷将企业形象识别系统作为一种经营战略，并希望它成为传播企业形象的有效手段。

电商视觉设计
概述

企业形象识别系统一般由 3 个方面构成，即理念识别系统（Mind Identity System，MIS）、行为识别系统（Behavior Identity System，BIS）和视觉识别系统（Visual Identity System，VIS），如图 1-1 所示。

视觉识别系统分为基本要素系统和应用要素系统两方面。基本要素系统主要包括企业标志、企业名称、企业标准字体、企业标准颜色、企业造型、企业象征图案等；应用要素系统主要包括企业旗帜、员工制服、办公事务用品、生产设备、建筑环境、商品包装、广告媒体、交通工具、招牌、标志牌、橱窗、陈列展示等。

2. 视觉传达设计

视觉传达设计是指以视觉媒介为载体，以文字、图形和色彩为创作要素，利用视觉形象向人们传达各种信息。设计人员是信息的发送者，传达对象是信息的接收者。视觉传达设计的主要功能就是传播。

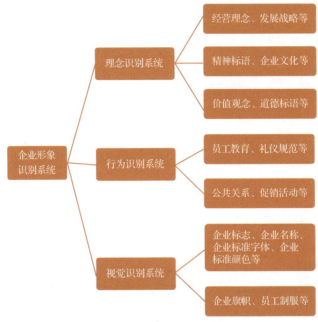

图1-1 企业形象识别系统的构成

对于企业来说，好的视觉形象设计不但可以体现品牌的内涵和档次，还会给消费者留下深刻的印象。消费者行为学研究表明，许多消费者的购买行为都是在一瞬间决定的。例如，是否具有吸引人的包装色彩就是决定消费者是否购买商品的重要因素。视觉传达设计的一个典型案例是可口可乐，如图1-2所示。可口可乐品牌标识的红色给人留下热情、有活力、欢乐的印象，以至于当人们感到开心或有什么值得庆祝的事时，都会想起可口可乐。

图1-2 可口可乐视觉传达设计

3. 电商视觉设计

随着电子商务的迅猛发展，视觉设计这一传统行业惯用的手段也逐渐融入电子商务中，并越来越受到重视，这是由电子商务特殊的购物方式决定的。

电商视觉设计是指通过标志、色彩、图片、广告、商品陈列等一系列视觉展示手段，向消费者传递商品信息、服务理念和品牌文化，最终达到促进商品销售、树立品牌形象的目的。

在网上购物时，消费者接触不到商品实物，只能通过色彩、图像和文字来判断商品是否符合自己的需求。因此，视觉设计在电子商务中的作用就是通过色彩、图像、文字等形成的强烈冲击力来吸引消费者的注意，使消费者进入网店，然后通过网店中的商品宣传吸引消费者下单购买，从而提高网店的销量。

1.1.2　电商视觉设计人员的工作范畴

 课堂讨论

电商视觉设计人员的工作范畴包括哪些方面？

电商视觉设计人员的工作范畴比较广泛，主要包括图片美化、网店装修、页面设计，以及视觉营销推广图设计等，下面将进行具体介绍。

1. 图片美化

商品图片是网店商品的表现形式。拍摄的商品图片一般不能直接使用，为了让消费者感到赏心悦目，电商视觉设计人员通常运用图片处理软件对商品图片做一些设计和美化处理，以吸引消费者的注意，具体包括商品图片校色、适当添加促销文案，以及丰富商品图片内容等，图 1-3 所示是对商品图片进行美化后的效果。

2. 网店装修

网店装修也属于电商视觉设计人员的工作范畴。利用色彩、图像、文字、创意的排版方式进行网店装修后，可增强网店的吸引力。一个网店通常包括导航、基础设置、促销、商品描述、商品分类、商品展示等模块，电商视觉设计人员通过对网店中的模块进行编辑，能够快速完成对模块的装修。图 1-4 所示为网店部分模块的装修效果。

图1-3　对商品图片进行美化后的效果

图1-4　网店部分模块的装修效果

3．页面设计

页面设计包括页面布局和页面色彩搭配，此项工作要求电商视觉设计人员具有良好的审美与扎实的美术功底，熟练掌握电商页面配色技巧和整体配色方案；能独立完成网店首页、商品详情页、专题活动页的视觉创意设计。电商视觉设计人员通过对各个页面进行设计来打造独特的网店特色，促使消费者下单购买商品，增加网店销量。图1-5所示为某网店的商品详情页设计。

图1-5　某网店的商品详情页设计

4. 视觉营销推广图设计

电商视觉设计人员要挖掘消费者的浏览习惯和点击需求，从消费者的角度来优化网店，提高网店的易用性，并根据商品促销信息设计视觉营销推广图，如直通车图、智钻图、商品促销海报、主题活动图等。图1-6所示为某网店的活动海报。

图1-6　某网店的活动海报

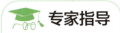

专家指导

　　电商视觉设计人员不仅需要对PC（Personal Computer，个人计算机）端页面、移动端页面、图片进行美化，还需要注重交互设计与用户体验。在进行各项页面美化设计工作时，还需要从平台规则、消费者等多个角度出发，设计出更有商业价值的页面。

1.2　电商视觉设计的准备工作

电商视觉设计
的准备工作

　　在进行电商视觉设计前，要了解电商视觉设计的一些准备工作，包括电商视觉设计应遵循的原则、进行电商视觉设计需要掌握的软件、电商视觉设计定位、电商文案策划等。

1.2.1　电商视觉设计应遵循的原则

　　电商视觉设计应当遵循一定的原则，下面对这些原则进行简单介绍。

1. 突出商品属性和行业特征

　　每个行业都有特定的属性，在进行电商视觉设计前，一定要明白商品的属性及其行业特征，然后在此基础上为视觉设计选择相应的色彩和图片，如护肤品可以用绿色和粉红色来表现。

2. 美观舒适

　　电商视觉设计应该给人以美观、舒适的感觉，电商页面结构布局应该符合人们的浏览习惯。因为大多数人都是按照从左至右、从上至下的顺序浏览页面，所以在设计页面布局时，把主推商品、导航和促销信息等重要内容放在左侧更能引起消费者的注意。

3. 风格统一

　　设计风格统一也是进行电商视觉设计时应当遵循的原则之一。电商视觉设计中容易犯设计风格不统一的错误，如网店形象和商品定位不统一、不同模块的风格不统一、图片的尺寸规格不统一、字体和颜色随意使用等，这样会让页面看起来杂乱无章。在设计网店效果前，首先要做好基本设计元素的规范工作，这样既有利于打造网店的整体形象，又能为模块和其他元素的设计提供参考和依据。图 1-7 所示为网店页面设计风格统一。

图1-7　网店页面设计风格统一

4. 主体突出

人们从原来的一行一行地读文字信息，变成了现在的一屏一屏地看图，每张图片展现在消费者眼前的时间一般只有几秒。因此必须让消费者第一眼就获取商品的主要信息，第一时间了解商品的卖点，这样才能提高图片的点击率。

5. 符合网店的视觉识别系统

根据品牌网店的视觉识别系统来进行电商页面设计，网店会具有较高的辨识度，消费者在浏览后，一般都可以留下深刻的印象。在设计电商页面的时候，一定要不断强化企业和商品的品牌元素，如企业标准颜色、企业标志等。

6. 提高易用性

提高易用性的核心是充分考虑消费者的浏览习惯，在设计页面布局时从消费者的角度来思考，让页面易懂、易用。如果页面布局和功能按钮的位置与消费者的浏览习惯不符，那么消费者可能会感觉不适应，还可能会因为找不到需要的模块或商品类别而离开。

网店的易用性设计主要体现在商品类目的划分方面。商品类目的划分层次不要过多，明确的分类与布局能让消费者快速找到需要的商品，从而大大提升消费者的购物体验。

专家指导

大量重复的分类既不能很好地展示商品，还会让消费者产生混乱的感觉。通常来说，商品类目按照商品的属性、风格和使用效果进行分类即可，新品和特价商品的分类应尽量靠前，类目之间最好有明显的区分。

1.2.2 进行电商视觉设计需要掌握的软件

与普通的美工相比，电商视觉设计对于平面设计软件的要求更高，做电商视觉设计工作需要熟练掌握 Photoshop 和 Dreamweaver。

1. Photoshop

在进行电商视觉设计时，常用的软件是 Photoshop。Photoshop 是 Adobe 公司出品的图像处理软件，被广泛应用于平面设计、插画创作、网页设计、卡通设计、影视包装等领域。Photoshop 是电商视觉设计的基础，想要成为一名合格的电商视觉设计人员，就必须熟练掌握 Photoshop。Photoshop 功能强大，电商视觉设计人员使用它可以对商品图片进行处理，如修复图片的瑕疵、为图片添加特效。同时，电商视觉设计人员使用 Photoshop 又能方便地设计页面，将其与 Dreamweaver 配合使用能够方便地实现整个网店的设计。图 1-8 所示为使用 Photoshop 设计电商海报。

图1-8 使用Photoshop设计电商海报

2. Dreamweaver

要从事电商视觉设计工作，除了要学会使用 Photoshop 设计、处理图像，还要掌握网店页面排版软件 Dreamweaver。网店中的页面被称为网页，和网页排版相关的软件 Dreamweaver 是电商视觉设计人员必须掌握的，但只需要掌握 Dreamweaver 的表格排版、超链接和基础代码等功能即可。Dreamweaver 的操作界面如图 1-9 所示。

图1-9　Dreamweaver的操作界面

1.2.3　电商视觉设计定位

不同的网店有不同的属性和定位，面对的消费者群体也有所差异，因此在进行网店的整体视觉设计时，要呈现的风格也不尽相同。

不同的消费者群体有不同的视觉偏好，关键是要将商品的定位和消费者群体的视觉偏好进行整合，使网店能够呈现出一种整体的风格。

有的网店为了凸显品牌和质量，在视觉设计上偏重品牌设计；有的网店为了促进商品销售，吸引人流，会以薄利多销的促销策略来进行视觉设计。

1．促销型视觉定位

促销型视觉定位主要通过对比强烈的颜色和装饰来烘托氛围，目的是销售商品，具体方法如下。

（1）突出优惠：将具体的优惠力度通过数字等形式表现出来，通常还会在文字的颜色、字号上做文章。

（2）引起围观：用色彩对比、文字加粗等方法吸引消费者关注。

（3）营造促销氛围：如重点突出活动主题，运用色彩、字体等打造视觉效果。对于节假日促销而言，应重点营造节日气氛，网店的店招、导航、促销等模块和商品详情页中都有必要加入节日元素。例如，以国庆节促销为主题的网店配色大多采用红色，然后通过灯笼和烟花等元素来体现国庆节的节日氛围。又如，使用月亮、月饼等素材可以突出中秋节的氛围，图1-10所示为页面设计突出中秋节的氛围。

图1-10　页面设计突出中秋节的氛围

2．品牌型视觉定位

品牌型视觉定位的具体方法如下。

（1）突出品牌：弱化价格，突出品牌价值文字。图1-11所示为格力空调品牌型视觉定位，它采用了品牌型视觉定位，重点突出了"10年整机免费保修"的品质感。

图1-11 格力空调品牌型视觉定位

（2）设计简洁：视觉设计要大气简洁，与线下品牌尽量保持一致，突出品牌标志。

（3）弱化营销：即使有促销活动也不宜大肆宣传，以免过高的促销力度或过低的价格让消费者对品牌产生不信任感。

专家指导

　　有的网店并没有对自己进行准确的视觉定位，这时就需要电商视觉设计人员根据网店的情况来对视觉效果进行定位。例如，将品牌价值文字放在显眼位置，然后再展示促销信息；也可以把促销信息放在首页，具体促销内容则可以在自定义页面中体现。

1.2.4 电商文案策划

电商文案是一种基于网络平台传播的文案形式。这些文案以实现商业目的为出发点，通过网站、微信、短视频等平台进行发布和传播，以达到获取消费者信任并引发其购买欲望的目的。

根据电商文案的作用，可以将其划分为展示类电商文案、品牌类电商文案和促销推广类电商文案，下面分别对其进行介绍。

1. 展示类电商文案

展示类电商文案是一种常见的文案形式，常用于展示商品，促进商品销售。展示类电商文案可以分为横幅展示类广告文案和商品详情页文案。

（1）横幅展示类广告文案。横幅展示类广告是早期的网络广告经常采用的形式，也是目前常见的形式。它可以是动态图像，也可以是静态图像，格式可以是JPG、GIF、SWF等。当消费者单击这些横幅广告时，可以跳转到相关的网页。

横幅展示类广告文案一般比较简洁，往往只放置一个简短的标题、商品图片或品牌的标志等，主要起到提示作用，吸引消费者点击，进而展示更多的广告信息。横幅展示类广告通常放置在网页中较为显眼的位置，如网店主页的顶部等。图1-12所示为横幅展示类广告文案。

图1-12　横幅展示类广告文案

（2）商品详情页文案。商品详情页文案就是对商品的具体功能、特点等进行详细描述的文案。商品详情页文案用于促进商品销售。在网上购物时，决定消费者是否购买的一个重要因素就是商品详情页文案的优劣，因此很多商家会在撰写商品详情页文案上花费大量的心思。

 专家指导

在创作商品详情页文案时，需要提炼商品的核心卖点，用清晰、简洁、真实的语言描述商品的价值，告诉消费者这件商品与其他同类商品的不同之处，让人一目了然。同时还要突出商品的优势，让消费者觉得物有所值、物超所值，这样才能真正打动消费者。

撰写商品详情页文案时需要注意以下几点。

① 商品详情页文案应快速抓住消费者的注意力，其目的在于促使消费者产生购买行为。因此在撰写商品详情页文案时应充分考虑消费者的接受程度，切忌夸大宣传，以免使消费者产生不信任感。

② 电商文案创作者要向供货商索要详细的商品信息，因为仅使用简单的商

品图片不能反映材料、产地、售后服务、生产厂家、性能等信息。商品的优势和特色一定要详细地描述出来，这是商品的卖点。

③ 商品详情页一定要精美，能够全面概括商品的内容、相关属性，最好能够介绍一些使用方法和注意事项，更加贴心地为消费者考虑。

④ 商品详情页应该将文字、图像和表格3种形式结合起来展示，这样消费者看起来会更加直观。

⑤ 参考同行网店。撰写商品详情页文案时可以参考淘宝"皇冠店铺"的商品详情页文案，特别是那些做得好的网店的商品详情页文案。

⑥ 可以在商品详情页中添加相关推荐商品，如本店热销商品、特价商品等，让消费者更多地接触网店的商品，增强商品的宣传力度。

⑦ 要注意在商品详情页中体现服务意识并规避风险，一些消费者关心的问题、有关商品问题的介绍和解释等都要有所体现。

商品详情页文案主要围绕商品信息展开，文案内容较多，并用于整个商品展示页面。图1-13和图1-14所示分别为商品详情页文案1和商品详情页文案2，该商品详情页文案说明了商品的主要卖点、性能参数等信息，让消费者对这款商品的主要功能有所了解并促使其产生购买的欲望。

图1-13　商品详情页文案1

图1-14　商品详情页文案2

2. 品牌类电商文案

品牌类电商文案的主要功能是通过宣传企业的品牌来促进销售。品牌类电商文案是企业品牌精神和品牌个性的载体，也是让消费者对品牌产生信任的有效手段。优秀的品牌类电商文案能让消费者直接从文案内容中了解品牌定位、商品属性等。

品牌类电商文案主要通过讲述品牌故事建立并传播品牌形象。一个好的品牌故事既能体现品牌文化的核心价值，又能达到脍炙人口的效果。品牌类电商文案可以打造一个企业的文化传说，也可以讲述品牌的创业故事。图1-15所示为一款护肤品的品牌故事文案，它体现了商品的品质，给消费者留下了良好的品牌印象。

图1-15 一款护肤品的品牌故事文案

3. 促销推广类电商文案

促销推广类电商文案是对商品或服务进行宣传推广的一种文案，其目的在于通过外部超链接吸引更多消费者关注和进行转发，从而达到较好的传播效果。常见的推广平台包括网站、论坛、电子邮件、微博、微信及视频直播平台等。

将促销信息加入电商文案中可以提高点击率，如"打折促销""满就送"等促销文案让人有一种再不买就会错过的紧迫感。促销信息要尽量简短、清晰、有力。图1-16所示为促销推广类电商文案，该文案用精练的文字来阐述商品卖点，非常引人注目，能够引起消费者的好奇心，从而达到提高点击率的目的。

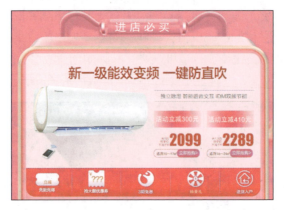

图1-16　促销推广类电商文案

1.3　电商视觉设计中的文字应用

电商页面中的信息以文字为主，合理的文字设计能够增强视觉效果，更直观地向消费者传达商品的详细信息，引导消费者完成商品的浏览与购买。

电商视觉设计中的文字应用

1.3.1　文字的排版技巧

在文字的排版技巧中，字体、字号和布局是基本的要素。不同的字体会营造不同的氛围，不同的字号大小也对内容起到强调或提示的作用。电商视觉设计人员在确定页面中运用的字体和字号后，还需要对文字进行布局，文字的布局在页面空间、结构、韵律上都是很重要的。下面对电商视觉设计中常用的文字排版技巧进行介绍。

1. 选对字体与字号

一般来说，进行电商视觉设计时并不是字体用得越多越好。如果只使用一种字体的话，可考虑通过变化字号、加粗、变细、拉长、压扁或调整行间距等操作来改变文字，从而产生丰富多彩的视觉效果。图1-17所示为通过字体和字号的变化传达重点信息，该图所示的电商促销广告就是通过字体和字号的变化，传达视觉重点，让消费者第一时间了解主要信息。

图1-17　通过字体和字号的变化传达重点信息

2. 注意文字的层次布局

在电商视觉设计中，文字的布局排版也很重要。在电商页面设计中，信息的呈现是有主次的，在进行文字的编排时，电商视觉设计人员可利用字体、粗细、字号与颜色的对比来设计文字的显示层次。

图 1-18 所示为网店首焦图字体应用和布局，该图所示的网店首焦图的主要设计焦点集中在字体应用和布局上，它采用了有创意的字体，呈现出"多姿多彩"的感觉，应用字号的大小组合营造出层次感，突出重点，让消费者对要传达的核心信息一目了然。

图1-18　网店首焦图字体应用和布局

1.3.2　文字的颜色

文字的颜色能引起人的视觉反应，因此它也是电商视觉设计中的重要因素。合理地使用不同颜色的文字，可以使想要强调的部分更加引人注目。但应该注意的是，对于文字的颜色，只可少量运用，如果什么都想强调，其实是什么都没有强调。况且，在一个页面上运用过多的颜色，会影响浏览者阅读页面内容。颜色的运用除了能够起到强调作用外，对于整个文案的情感表达也会产生影响。图1-19所示为页面中多彩的文字。

图1-19　页面中多彩的文字

1.3.3　文字图形化

所谓文字图形化，即把文字作为图形元素来表现，这样可以强化文字原有的功能。电商视觉设计人员既可以按照常规的方式来设置文字，也可以对文字进行艺术化的设计。在不影响整体风格的前提下，增加一些适当变化的文字，可以使页面更有节奏、更有朝气。需要注意的是，无论怎样设计，一切都应该围绕更出色地实现设计目标来进行。

将文字图形化，以更富创意的形式表达出深层的设计思想，能够克服页面的单调与平淡，从而打动人心，图1-20所示为图形化的文字。

图1-20　图形化的文字

1.4 电商视觉设计中的常用构图方法

电商视觉设计常用构图方法

出色的构图能使画面主次分明，详略得当，给人以美感，也能让设计工作事半功倍。下面介绍电商视觉设计中的常用构图方法。

 课堂讨论

电商视觉设计中的常用构图方法有哪几种？

1.4.1 对称式构图

对称式构图是指画面中的主体相对于某个点、直线或平面而言，在大小、形状和排列上具有一一对应的关系。对称的形式有上下对称、左右对称、中心对称和旋转对称4种。对称式构图具有均匀、整齐的特点，给人安宁、平稳、和谐、庄重之感。

对称式构图将整个画面均匀分割，内容划分明确，使画面更加具有视觉冲击力和平衡感。对称式构图如图1-21所示。

图1-21 对称式构图

1.4.2 简单切割构图

简单切割构图是指使用简单的线条或图案整齐地分割整个画面，在使画面变得有趣、生动的同时，内容区域也能得到有效的划分。在现实生活与自然界中，几何图形随处可见，适当的切割能够给画面带来动感与节奏感。这类构图法对内容没有过多的要求，可以随意安排，具体排版可根据内容来处理，因此也是目前用得较多的一种构图法，其作品具有较强的视觉冲击力。简单切割构图如图1-22所示。

图1-22　简单切割构图

1.4.3　对角线构图

对角线构图是指把主体安排在对角线上，利用对角线来统一画面元素。这种构图的特点是富有动感，让画面显得活泼，产生线条的汇聚趋势，吸引人的视线，从而达到突出主体的效果。对角线构图大多会有图形辅助，倾斜排版，会让人感到动感与节奏感。

采用对角线构图可以让画面显得更有创意，打破横平竖直的思维，是一种非常好的设计手法。对角线构图如图1-23所示。

图1-23　对角线构图

1.4.4 九宫格构图

九宫格构图也叫"井"字构图，是常见的构图方法之一。如果把画面当作一个有边框的矩形，把左、右、上、下4条边都三等分，然后用线段把对应的点连起来，就构成了一个"井"字，画面被分成面积相等的9个方格，这就是我国古人所称的"九宫格"，"井"字的4个交叉点是视觉中心。图1-24所示为黄金分割，在图中，A、B、C、D 4条线的交叉点大致是画面的黄金分割点，画面的主体或分割线可以安排在4个交叉点或4条线附近。图1-25所示为九宫格构图，在图中可以看到，主体元素大致位于画面的"井"字上，它们不但平衡了画面，也形成了稳定的视觉中心。

一般认为，主体位于"井"字右上方的交叉点最理想，其次为右下方的交叉点，但这并不是一成不变的。在构图实践中，电商视觉设计人员要根据表达内容的需要不断追求新颖的构图形式，不能生搬硬套。

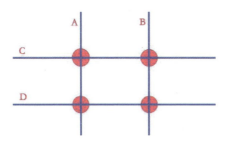

图1-24 黄金分割

图1-25 九宫格构图

1.4.5 圆形构图

圆形构图是指画面中的主体呈圆形，这种构图在视觉上有旋转、运动和收缩的美感。运用圆形构图时，如果画面中出现一个能集中视线的点，就会给人以稳定、庄重的感觉，整个画面将以这个点为中心产生强烈的向心力。圆形构图给人以团结一致的感觉，但这种构图方法活力不足，容易使画面显得呆板，缺乏视觉冲击力和生机。所以电商视觉设计人员使用这种构图法时，要注意加入一些细节上的点缀设计，使画面有所变化。圆形构图如图1-26所示。

图1-26　圆形构图

1.4.6　三角形构图

三角形构图是将3个视觉中心作为元素的主要位置，有时是以"三点成面"的几何构成来安排元素，以形成一个稳定的三角形。三角形构图最大的作用是突出主体，直接将浏览者的视线引导至主体上。这种三角形可以是正三角形，也可以是斜三角形或倒三角形，其中斜三角形较为常用，也较为灵活。三角形构图具有安定、均衡且不失灵活的特点，如图1-27所示。

图1-27　三角形构图

1.4.7 整体场景构图

整体场景构图是以商品整体的适用场景来安排元素的，这种构图方法适用于促销、节日、活动等页面设计。整体场景构图法可以将消费者快速带入场景氛围中，使商品信息传播更精准。整体场景构图的空间感很强，立体聚焦，有"画中画"的感觉。

电商视觉设计人员在设计这种页面时，头脑中要有画面，首先搭建大的画面关系，再往里面添加细节内容。切记场景不要抢了内容的风头，在适当的时候可以做些减法。整体场景构图如图1-28所示。

1.4.8 流程构图

流程构图是按照循序渐进的流程图的方式来展现内容的。千言万语不如一张图，运用流程构图法能够将步骤、关系、各个节点及整体流向展示清楚，再配合图片，一个枯燥的流程瞬间变得个性十足，消费者浏览起来既简单又明了，并且充满了趣味性。流程构图如图1-29所示。

图1-28 整体场景构图

图1-29 流程构图

1.4.9 物体轮廓构图

物体轮廓构图是以物体的轮廓来安排元素，主要适用于活动或新品创意的专题页面设计。根据专题页面的主要内容，从整体上构建一个边界或外形线，形成一个大的轮廓，然后将内容巧妙地填充进去。

使用物体轮廓构图法能让整体页面更生动、形象、有趣。物体轮廓构图如图1-30所示。需要注意的是，设计时要将元素进行轮廓化，加以强调突出，舍弃一些烦琐、次要的元素，以免影响消费者阅读内容。

图1-30　物体轮廓构图

1.5　电商视觉设计的工作流程与设计人员岗位职责

对于网店来说，视觉设计可以起到至关重要的作用，因此商家为了给消费者留下深刻的印象，都无比重视视觉设计。当然，视觉设计并不是一件简单的事情，电商视觉设计人员要学习视觉设计，既要了解电商视觉设计的工作流程，还要了解电商视觉设计人员的岗位职责。

1.5.1　电商视觉设计的工作流程

流程图几乎被运用到所有的生产中，每个设计甚至每项工作都是有流程的，一切设计都要基于流程。电商视觉设计的工作流程如图1-31所示。

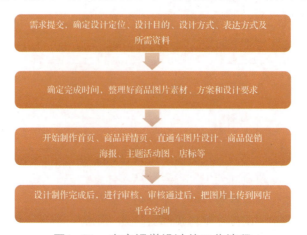

图1-31　电商视觉设计的工作流程

（1）需求提交。设计装修网店前，电商视觉设计人员必须考虑整个网店的风格，做好全面规划，确定设计定位、设计目的、设计方式、表达方式及所需资料。

（2）确定完成时间，整理图片素材、文案和设计要求。此流程主要包括确定色彩、字体、商品图片等。

（3）开始制作。此流程包括设计制作网店首页、商品详情页、直通车图片、商品促销海报、主题活动图、店标等。

（4）检查，审核，到期上传。设计制作完成后，提交给上级进行检查和审核，审核不通过，修改调整；审核通过后，把图片上传到网店平台空间，进行网店装修。

1.5.2　电商视觉设计人员岗位职责

电商视觉设计人员岗位职责主要是负责网店的视觉装修、整体的风格布局、色彩搭配、品牌形象定位。电商视觉设计人员需要具备很强的专业知识，熟练掌握制图软件，如 Photoshop、Dreamweaver 等，熟悉商品特性和卖点，并能用图片结合文字的手法将其展现出来。同时，电商视觉设计人员还要具备良好的审美素养，以及良好的设计理念和文案基础，并能结合运营所需要体现的商品特点和风格，更好地把商品展现给消费者。电商视觉设计人员还要兼顾网店商品上新发布，以及网店海报制作、装修美化、推广图片修改优化和描述模板设置等工作。

电商视觉设计人员岗位主要职责如表 1-1 所示。

表 1–1　电商视觉设计人员岗位主要职责

职责	具体任务
职责一	独立且高质量地完成创意设计方案，负责与线上网店设计相关的工作、网店首页设计、商品详情页设计、专题页设计等，并对网店的视觉效果进行整体把控
职责二	定期对网店进行视觉优化，完成与大型活动页面设计相关的工作
职责三	负责电商运营所需活动图、推广图的设计制作
职责四	负责相关电商平台的后台操作等装修工作，对拍摄的商品照片进行优化
职责五	同品牌运营、策划团队合作沟通，将页面"落地"，高质量地完成电商视觉设计工作

1.6　应用实例——分析网店首页的设计布局

在淘宝网、京东等各大电商平台上有不计其数的网店，选择优秀的网店，对其设计与装修进行分析和学习，能够更好地帮助电商视觉设计人员提高自己的能力。本实例将对某家具网店进行鉴赏，分析其网店布局和文案设计等，从而帮助读者进一步巩固本章学习的知识。

（1）在淘宝网首页输入"家具"，搜索家具网店，按照销量从高到低排列显示，从中找到一家网店，如图1-32所示。

图1-32　搜索家具网店

（2）图1-33所示为某家具店铺首页顶部导航。其首页设计得非常简约，顶部导航明确写出了商家的经营范围，以及优惠活动"门店3折"，整个页面让人感觉清新、自然。

图1-33　某家具店铺首页顶部导航

（3）在导航下面是网店的首页轮播广告图，使用了5个促销广告图轮播显示，如图1-34所示。

图1-34 首页轮播广告图

（4）首页轮播广告图下面是网店的优惠券促销信息，其中展示了不同的优惠信息，如图1-35所示。

图1-35 优惠券促销信息

（5）图1-36所示为网店首页的分类导航信息，分类导航采用图片的方式，分类明确又专业，极大地方便了消费者。

图1-36 网店首页的分类导航信息

（6）分类导航信息下面是不同系列的商品介绍，电商视觉设计人员为每个系列都精心设计了展示图片，图1-37所示为"轻奢系列"商品。

图1-37 "轻奢系列"商品

（7）查看首页的页头、页中和页尾，包括其对应的店招、导航、促销商品图片等内容，并对其中文字的字体进行分析，掌握不同字体应用的范围。

课后练习题 ↓

挑选一个自己喜欢的网店，淘宝网、京东、唯品会、拼多多等平台的网店均可，分析鉴赏网店首页，着重分析其色彩搭配和文字的排版是否合理，分析首页中的店招、导航、首页轮播图、促销商品图片等内容设计。在该网店中选择一件自己喜欢的商品，并为其编写一篇商品详情页文案，分析网店首页如图1-38所示。

图1-38 分析网店首页

第2章

电商网站视觉配色设计

知识目标

- ◢ 熟悉色彩的原理。
- ◢ 熟悉色彩的分类。
- ◢ 掌握色彩的三要素。

技能目标

- ◢ 掌握网店页面配色技巧。
- ◢ 掌握主色、辅助色、点缀色的使用方法。
- ◢ 掌握网店页面整体配色方案。

素质目标

- ◢ 具备色彩搭配能力。
- ◢ 具备敏锐的观察力和较强的色彩感受能力。

色彩是消费者对电商视觉设计的第一感受，色彩对人的视觉冲击力非常强。好的色彩搭配可以给人美的享受，而不好的色彩搭配则会让人很不舒服。通过对本章的学习，读者可以掌握网店页面配色基础、网店页面配色技巧、主色、辅助色、点缀色和网店页面整体配色方案等知识。

2.1 网店页面配色基础

配色在网店页面设计中非常重要，不同的色彩会带给消费者不同的心理感受。好的色彩搭配可以给消费者留下深刻的印象。

网店页面配色基础

2.1.1 色彩的原理

自然界中有多种颜色，如香蕉是黄色的，天空是蓝色的，橘子是橙色的……我们日常见到的光，最基本的有七种。物体经光源照射，吸收和反射不同波长的红、绿、蓝光，经由人的眼睛传到大脑，就形成了我们看到的各种颜色。也就是说，物体的颜色就是它们反射的光的颜色。阳光被分解后的 7 种主要颜色包括红色、橙色、黄色、绿色、青色、蓝色、紫色，如图 2-1 所示。

图2-1　阳光被分解后的7种主要颜色

2.1.2 色彩的分类

 课堂讨论

色彩可以分成多少类别？常见的基本颜色有哪几种？

色彩可以分为无彩色和有彩色两大类。

1. 无彩色

无彩色指除了彩色以外的其他颜色，常见的有金、银、黑、白、灰。无彩色没有色相和纯度，只有明度变化。色彩的明度可以用黑白来表示，明度越高越接近白色，明度越低越接近黑色。无彩色如图 2-2 所示。

黑色　　　　　　灰色　　　　　　白色

图2-2　无彩色

2. 有彩色

凡带有某一种标准色倾向的色（也就是带有冷暖倾向的色），均称为有彩色。有彩色是无数的，它以红、橙、黄、绿、蓝、紫为基本色。这些色彩往往给人以相对、易变、抽象的心理感受，图2-3 所示为有彩色。

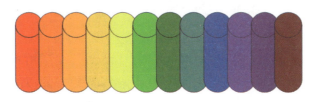

图2-3　有彩色

图 2-4 所示为红色、绿色、蓝色三原色，这 3 种颜色又称色光三原色。由三原色两两相加、等量调配而成的颜色有黄色、青色和粉红色，它们被称为二次色，也叫间色。红色＋绿色＝黄色，绿色＋蓝色＝青色，红色＋蓝色＝粉红色，红色＋绿色＋蓝色＝白色。

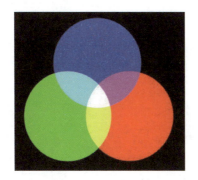

图2-4　红色、绿色、蓝色三原色

2.1.3　色彩的三要素

明度、色相、纯度是色彩的三要素，下面对其进行详细介绍。

1. 明度

明度表示色彩的明暗程度，色彩的明度包括无彩色的明度和有彩色的明度。

在无彩色中，白色明度最高，黑色明度最低，白色和黑色之间是一个从亮到暗的灰色系列。在有彩色中，每一种色彩都有自己的明度特征，如黄色明度最高，紫色明度最低。图2-5所示为色彩的明度变化。

图2-5　色彩的明度变化

明度高是指色彩较明亮，明度低是指色彩较灰暗。没有明度变化的色彩会显得苍白无力，只有加入明度变化，才可以展示出色彩的视觉冲击力和丰富的层次感。

2. 色相

色相是色彩的首要特征，是区别各种不同色彩的最准确的标准，属于颜色三属性之一。红色、橙色、黄色、绿色、蓝色、紫色等各自代表一类具体的色相，它们之间的差别属于色相差别。色相是色彩最明显的特征，一般用色环来表示，如图2-6所示。

色相是一种色彩区别于另一种色彩的最主要的因素。最初的基本色相为：红色、橙色、黄色、绿色、蓝色、紫色。在基本色相中加上间色，其色相按顺序为：红色、橙红色、黄橙色、黄色、黄绿色、绿色、绿蓝色、蓝绿色、蓝色、蓝紫色、紫色、红紫色——十二基本色相。图2-7所示为十二基本色相。

图2-6　色环　　　　　图2-7　十二基本色相

3. 纯度

纯度用来表现色彩的浓淡和深浅。纯度最高的色彩就是原色，随着纯度的降低，色彩就会变淡。当一种色彩中掺入黑色、白色、灰色或其他有彩色时，纯度就产生变化。图2-8所示为色彩的纯度变化。有了纯度的变化，世界上才有了如此丰富的色彩。

图2-8 色彩的纯度变化

2.2 网店页面配色技巧

网店页面配色技巧

网店页面主要的功能是向消费者传达强烈的购买信息，色彩起到的作用是潜移默化的，能够在心理层面给消费者以很强的暗示。下面介绍网店页面配色技巧。

2.2.1 色彩搭配原则

网店页面色彩搭配的常见原则如下。

1. 使用同类色

同类色是指色相相同，但明度不同的色彩，是指色环中15°夹角内的色彩。使用同类色的组合设计页面时，更多依靠色彩明度上的变化来进行表现。在网店页面设计中，同类色多用于表现商品的气质和品位，常用来制作一些清新、温柔、高品质的商品，如母婴类目、家纺、珠宝等。

2. 使用邻近色

所谓邻近色，就是在色环上邻近的颜色，冷暖性质一致、色调统一和谐、感情特性一致，如红色与橙色、蓝色与绿色等。采用邻近色可以避免页面色彩杂乱，易于达到和谐统一的效果。

3. 使用对比色

对比色是指在色环中相距 90° ～ 180° 的两种颜色。这两种颜色在视觉上可以明显地区分，使用对比色可以突出重点，产生强烈的视觉效果。例如，黄色和紫色、绿色和橙色的配色对比鲜明，醒目、富有活力。在电商视觉设计中，对比色常用在活动页面或主题页面中，促销页面和时尚类的快消品页面中也经常使用对比色。电商视觉设计人员在设计时一般以一种色彩为主色调，使用对比色作为点缀，从而起到画龙点睛的作用。

4. 使用互补色

在色环中，两个互补色之间的角度为 180°。互补色是所有色彩搭配中视觉效果最为明显的，如红色与蓝色、黄色与紫色。一般可以通过调节面积大小、纯度、明度等来调和互补色，达到和谐平衡的效果。在电商视觉设计中，常用互补色来制作一些短期的促销图片，或者强调价格优惠的直通车、智钻展位图片。

2.2.2　网店风格的决定因素

网店风格的决定因素主要包括商品特征、节假日促销、时代审美和色彩搭配。

1. 商品特征

商品特征是决定网店风格的主要因素。选择适合商品特征的装修风格，会使网店更具标志性，识别度也更高。例如，若出售的是香水，那么网店风格可选择高贵典雅的；若出售的是母婴用品，那么网店风格可选择温柔可亲的。

2. 节假日促销

网店平台时常会进行节假日促销活动，配合节假日促销活动选择相应的装修风格，让消费者一眼便能识别参与节假日促销活动的商家和未参与节假日促销活动的商家。

3. 时代审美

人们的审美观各不相同，每个网店都有不同的消费群体，选择符合他们审美的装修风格是帮助网店赢得消费者青睐的另一种方式。

4. 色彩搭配

每个网店都有自己的风格，在反映风格方面，色彩的搭配是关键。好的色彩搭配不仅能在视觉上给人以美的享受，而且还能明确商品定位。例如，盆栽网店，一般会选择绿色作为主色，因为绿色象征盆栽植物生命力顽强，郁郁葱葱。

2.3　主色、辅助色、点缀色

主色、辅助色、
点缀色

正确运用主色、辅助色和点缀色，可以让画面看起来更有层次、更协调。

2.3.1　主色的应用

主色是指占据主要地位的色彩，画面中最多的色彩就是主色。画面中通常需要有一个主色作为基础，其他的色彩作为辅助或衬托的色彩则会作为配角呈现。

主色决定了作品的整体风格，其他的色彩（如辅助色和点缀色）都将围绕主色进行选择。只有辅助色和点缀色能够与主色协调时，画面看起来才会协调。主色可以决定整个画面的风格，确保正确传达信息。图2-9所示为基调相同的两种色彩组合，可以看出面积起决定性作用，哪个色彩的面积大就是主色。

图2-9　基调相同的两种色彩组合

2.3.2　辅助色的应用

辅助色是指面积小于主色、大于点缀色的色彩。在设计中，辅助色的主要作用是突出主色并更好地体现主色的优点，在完成信息传达的同时还能使整个画面更加饱满。辅助色在强调和突出主色的同时，也必须符合设计要传达的风格，如此才能最大化地体现出辅助色的作用和意义。在图2-10所示的页面中，红色是主色，粉红色和黄色是辅助色，这样的搭配突出了生日喜庆的气氛。

判断辅助色用得好的标准是：去掉它页面不完整，有了它主色更突出。

图2-10　辅助色

2.3.3　点缀色的应用

点缀色是指面积小、起到点缀作用的色彩。点缀色是为了点缀画面而存在的，它对主色的衬托不及辅助色那么强，它主要起装饰画面并为画面增添丰富效果的作用。图2-11所示为在海报中使用了青色作为点缀色。

图2-11 在海报中使用了青色作为点缀色

点缀色的特点是面积小、色相清晰、醒目、突出。点缀色的特点决定了它的功能通常体现在细节上，对于配色有画龙点睛的作用，可以使整个画面的效果更加生动、不呆板。在文字信息量较大的页面中，合理使用点缀色可以起到引导阅读的作用。虽然点缀色的面积比较小，但是当点缀色越来越多时，也能影响整个页面的风格。

2.4 网店页面整体配色方案

网店页面整体配色方案

在电商视觉设计中，色彩搭配是否协调、巧妙，对于页面的最终效果起着决定性作用。下面介绍网店页面整体配色方案。

2.4.1 红色系配色方案

红色的色感温暖，给人刚烈而外向的感觉，是一种刺激性很强的色彩。红色容易引人注意，也容易使人兴奋、激动、紧张、冲动。红色被用来传达有活力、积极、热忱、温暖、前进等企业形象与精神。另外，红色也常被用作警告、危险、禁止、防火等标志色。图2-12所示是红色色阶。

图2-12 红色色阶

红色是强有力的色彩，是热烈、冲动的色彩。常见的红色系配色方案如图2-13所示。

在网店页面色彩应用中，以红色为主色调的网店比较多。红色的娇艳很容易让人联想到女性，美容化妆品、女装、婚庆等网店很适合用红色系进行设计，从而营造出娇媚、艳丽、热烈等不同的氛围。

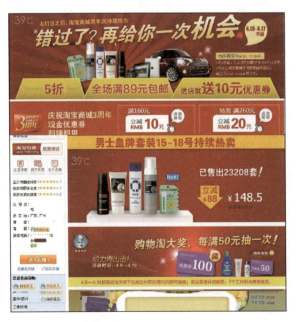

图2-13 常见的红色系配色方案

红色与橙色、黄色的搭配适用于食品、饮料类网店，因为这几个色系和日常生活中食品的色彩很接近。

图2-14所示为以红色为主色、搭配黄色的化妆品网店页面，该图中的化妆品网店页面以红色为主色，通过与黄色搭配使用，营造出喜庆、动感的氛围。

图2-14 以红色为主色、搭配黄色的化妆品网店页面

2.4.2　橙色系配色方案

橙色是十分活泼的色彩，也是温暖的色彩，给人以华贵、兴奋、热烈的感觉，令人振奋。橙色具有健康、活力、勇敢、自由等象征意义，能给人以庄严、尊贵、神秘等感觉。图 2-15 所示是橙色色阶。

图2-15　橙色色阶

橙色常用来强化视觉。橙色是可以通过变换色调营造出不同氛围的典型色彩，它既能表现出青春的活力，也能实现稳重的效果，所以橙色在网店页面中的使用范围非常广泛。图 2-16 所示为常见的橙色系配色方案。

R 255 G 204 B 153 #FFCC99	R 255 G 255 B 153 #FFFF99	R 153 G 204 B 153 #99CC99	R 204 G 204 B 51 #CCCC33	R 255 G 255 B 153 #FFFF99	R 204 G 153 B 51 #CC9933	R 255 G 204 B 153 #FFCC99	R 255 G 255 B 204 #FFFFCC	R 153 G 204 B 255 #99CCFF
R 255 G 153 B 102 #FF9966	R 255 G 255 B 204 #FFFFCC	R 153 G 204 B 153 #99CC99	R 255 G 153 B 0 #FF9900	R 255 G 255 B 204 #FFFFCC	R 51 G 102 B 153 #336699	R 255 G 255 B 204 #FFFFCC	R 204 G 153 B 51 #CC9933	R 51 G 102 B 51 #336666
R 153 G 102 B 0 #996600	R 255 G 204 B 51 #FFCC33	R 255 G 255 B 204 #FFFFCC	R 255 G 204 B 153 #FFCC99	R 204 G 255 B 153 #CCFF99	R 204 G 204 B 204 #CCCCCC	R 255 G 153 B 0 #FF9900	R 255 G 255 B 0 #FFFF00	R 0 G 153 B 204 #0099CC
R 153 G 0 B 51 #990033	R 204 G 255 B 102 #CCFF66	R 255 G 153 B 0 #FF9900	R 255 G 153 B 51 #FF9933	R 153 G 102 B 51 #99CC33	R 204 G 102 B 153 #CC6699	R 255 G 153 B 0 #FF9933	R 255 G 255 B 0 #FFFF00	R 51 G 102 B 204 #3366CC
R 255 G 153 B 51 #FF9933	R 255 G 153 B 204 #FFFFCC	R 0 G 153 B 102 #009966	R 255 G 102 B 0 #FF6600	R 255 G 255 B 102 #FFFF66	R 0 G 153 B 102 #009966	R 0 G 0 B 0 #000000	R 255 G 153 B 51 #FF9933	R 153 G 153 B 102 #999966
R 255 G 153 B 102 #FF9966	R 153 G 102 B 51 #996600	R 204 G 204 B 0 #CCCC00	R 204 G 102 B 0 #CC6600	R 153 G 153 B 0 #999999	R 204 G 204 B 51 #CCCC33	R 204 G 102 B 0 #CC6600	R 204 G 204 B 51 #CCCC33	R 51 G 102 B 153 #336699

图2-16　常见的橙色系配色方案

橙色和很多食物的颜色类似，如橙子、面包、油炸类食品，因此橙色是很容易引起人的食欲的色彩。如果是以销售这类食物为主的网店，那么橙色是较适合的色彩。

橙色是积极、活跃的色彩。橙色的适用范围较广，除食品外，家居用品、时尚品牌、运动、儿童玩具类的网店也都适合使用橙色系配色方案。

图 2-17 所示为橙色与黄色等邻近色搭配的食品网店页面，可以看到其在色彩搭配上井然有序，整个页面看起来新鲜、充满活力。

图2-17 橙色与黄色等邻近色搭配的食品网店页面

2.4.3 黄色系配色方案

 **课堂讨论**

说一说你知道的使用黄色系配色方案的网店。

黄色是有彩色中最明亮的颜色，能够给人留下辉煌、灿烂、愉快、高贵、柔和的印象，同时又容易引起味觉的条件反射，给人以甜美、香酥的感觉。图 2-18 所示是黄色色阶。

黄色是在页面配色中使用极为广泛的色彩。黄色和其他颜色配合有温暖的感觉，表现出快乐、希望、智慧和轻快的特点。黄色就像太阳的光芒，有希望等象征意义。黄色也代表土地，象征权力。图 2-19 所示为常见的黄色系配色方案。

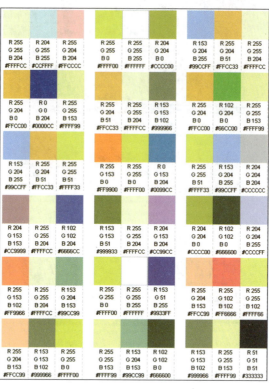

图2-18　黄色色阶

图2-19　常见的黄色系配色方案

 **专家指导**

● 在黄色中加入少量的蓝色，会转化为一种鲜嫩的绿色，其高傲的属性随之消失，表现出一种平和、湿润的感觉。

● 在黄色中加入少量的红色，会转化为橙色，其属性也会从冷漠、高傲转化为一种有分寸感的热情、温暖的感觉。

● 在黄色中加入少量的黑色，会转化为一种具有明显橄榄绿色的复色，其色性也变得成熟、随和。

● 在黄色中加入少量的白色，色感会变得柔和，其属性中的冷漠、高傲被淡化，表现出含蓄、易于接近的感觉。

黄色与某些食物的色彩相似，因此可以用于食品类网店。另外，黄色的明度很高，是活泼、欢快的色彩，代表智慧，具有快乐的个性，可以给人甜蜜、幸福的感觉。在很多网店设计中都用黄色来表现喜庆的气氛和丰富的商品，很多出售高档商品的网店也适合使用黄色系配色方案，能给人华贵的感觉。图2-20所示为使用黄色系配色方案的网店页面。

图2-20　使用黄色系配色方案的网店页面

2.4.4　紫色系配色方案

紫色具有创造、忠诚、神秘、稀有等内涵，是一种女性化的色彩，代表高贵和奢华、优雅与魅力，也象征神秘与庄重、神圣和浪漫。图2-21所示是紫色色阶。

图2-21　紫色色阶

紫色与紫红色都是非常女性化的色彩，给人的感觉通常是浪漫、柔和、华丽、高贵、优雅，粉红色更是女性化的代表颜色。使用不同色调的紫色可以营造出非常浓郁的女性化气息，在白色和灰色的衬托下，紫色可以显示出更大的魅力。高明度的紫红色可以表现出超凡的华丽，而低纯度的粉红色可以表现出高雅的气质。图2-22所示为常见的紫色系配色方案。

　专家指导

- ●当紫色中红色的成分较多时，其具有压抑感、威胁感。
- ●在紫色中加入少量的黑色，会表现出沉闷、伤感、恐怖的感觉。
- ●在紫色中加入白色，可使紫色沉闷的属性消失，变得优雅，并充满女性的魅力。

R 255 G 204 B 204 #FFCCCC	R 255 G 255 B 153 #FFFF99	R 204 G 204 B 255 #CCCCFF	R 153 G 153 B 153 #9999CC	R 153 G 204 B 153 #99CC99	R 255 G 255 B 255 #FFFFFF	R 102 G 51 B 51 #663366	R 153 G 153 B 153 #999999	R 204 G 204 B 255 #CCCCFF
R 153 G 102 B 153 #996699	R 255 G 204 B 204 #FFCCCC	R 204 G 153 B 204 #CC99CC	R 255 G 204 B 204 #FFCCCC	R 255 G 204 B 204 #FF99CC	R 204 G 204 B 255 #CCCCFF	R 102 G 0 B 102 #660066	R 255 G 255 B 255 #FFFFFF	R 102 G 51 B 51 #663333
R 204 G 204 B 153 #CCCC99	R 51 G 51 B 51 #333333	R 153 G 102 B 204 #9966CC	R 204 G 204 B 0 #CCCC00	R 255 G 204 B 102 #FF9966	R 102 G 153 B 153 #663399	R 255 G 204 B 153 #FFCC99	R 255 G 153 B 51 #FF9933	R 102 G 204 B 102 #663366
R 153 G 102 B 102 #996666	R 204 G 153 B 204 #CC99CC	R 255 G 204 B 204 #FFCCCC	R 153 G 153 B 204 #9999CC	R 255 G 255 B 204 #FFFFCC	R 255 G 204 B 204 #FFCCCC	R 51 G 51 B 51 #333399	R 204 G 204 B 255 #CCCCFF	R 204 G 153 B 204 #CC99CC
R 102 G 51 B 102 #663366	R 204 G 204 B 204 #CCCCCC	R 204 G 153 B 204 #CC99CC	R 153 G 102 B 153 #996699	R 153 G 153 B 255 #9999CC	R 153 G 204 B 255 #CCCCFF	R 204 G 153 B 0 #CC9966	R 153 G 153 B 153 #999999	R 102 G 51 B 102 #663366
R 51 G 0 B 51 #330033	R 102 G 102 B 102 #666666	R 102 G 153 B 153 #669999	R 204 G 204 B 204 #CCCCCC	R 153 G 51 B 153 #999999	R 102 G 51 B 102 #663366	R 255 G 204 B 204 #FF33CC	R 204 G 204 B 153 #CCCC99	R 102 G 51 B 102 #663366

图2-22　常见的紫色系配色方案

　　紫色通常用于以女性为消费群体或销售艺术品的网店。另外，紫色是高贵、华丽的色彩，很适合表现珍贵、奢华的商品。图2-23所示为使用紫色系配色方案的网店页面，该图中低纯度的暗紫色能很好地表达优雅、自重、高品位的感觉，紫色配合时尚的商品，较好地表达出该页面的主题，让人容易记住它。

图2-23　使用紫色系配色方案的网店页面

2.4.5 绿色系配色方案

在商业设计中，绿色可以传达清爽、理想、希望、生长的感觉，符合服务行业、保健行业、教育行业和农业的要求。图 2-24 所示是绿色色阶。

图2-24 绿色色阶

绿色是一种让人感到舒适并且亲和力很强的色彩。绿色代表自然美，可传达宁静、生机勃勃、宽容的感觉，可与多种颜色搭配得到和谐的效果，因此也是网店页面中使用极为广泛的颜色。图 2-25 所示为常见的绿色系配色方案。

图2-25 常见的绿色系配色方案

专家指导

●当绿色中黄色的成分较多时，其表现出活泼、友善的感觉，有时会比较幼稚。

●在绿色中加入少量的黑色，其表现出庄重、老练、成熟的感觉。

●在绿色中加入少量的白色，其表现出洁净、清爽、鲜嫩的感觉。

绿色通常与环保、健康有关，它本身具有一定的自然感，所以经常被用于与自然、健康相关的网店设计。另外，绿色还经常被用于与生态特产、护肤品、儿童商品或旅游相关的网店设计。图2-26所示为适用绿色系的茶叶网店页面。

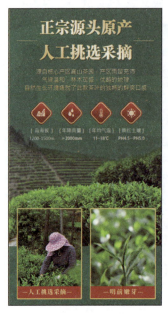

图2-26　适用绿色系的茶叶网店页面

2.4.6　蓝色系配色方案

蓝色给人以沉稳的感觉，且具有深远、永恒、沉静、博大、理智、诚实、寒冷的意象，同时还具有和平、淡雅、洁净、可靠等内涵。在商业设计中，强调科技、商务的形象大多选用蓝色作为标准色。图2-27所示是蓝色色阶。

图2-27　蓝色色阶

蓝色朴实、不张扬，可以衬托那些活跃、具有较强张力的色彩，为它们提供一个深远、广博、平静的空间。蓝色还是一种在淡化后仍然能保持较强个性的色彩。

蓝色是冷色系的典型代表，黄色、红色是暖色系的典型代表，使用冷暖色系对比来设计页面，其效果较明快，很容易感染、带动浏览者的情绪，具有很强的视觉冲击力。

蓝色是容易获得人们信任的色彩，蓝色调的作品在互联网上十分常见。图2-28所示为常见的蓝色系配色方案。

深蓝色是沉稳且较常用的色彩，带给人稳重、冷静、严谨、成熟的心理感受。它主要用于营造安稳、可靠、略带神秘色彩的氛围。蓝色具有智慧、科技的含义，因此数码类、科技类、家电类网店很适合使用蓝色系配色方案。

R 204 G 204 B 255 #CCCCFF	R 255 G 255 B 255 #FFFFFF	R 153 G 204 B 255 #99CCFF	R 255 G 204 B 153 #FFCC99	R 255 G 255 B 204 #FFFFCC	R 153 G 204 B 255 #99CCFF	R 153 G 204 B 204 #99CCCC	R 255 G 255 B 255 #FFFFFF	R 51 G 153 B 204 #3399CC
R 153 G 204 B 204 #99CCCC	R 255 G 255 B 255 #FFFFFF	R 204 G 255 B 153 #CCFF99	R 51 G 102 B 153 #336699	R 255 G 255 B 255 #FFFFFF	R 153 G 204 B 204 #99CCCC	R 153 G 204 B 204 #99CCCC	R 255 G 255 B 255 #FFFFFF	R 51 G 102 B 153 #336699
R 204 G 204 B 255 #CCCCFF	R 255 G 255 B 204 #FFFFCC	R 204 G 255 B 255 #CCFFFF	R 153 G 204 B 51 #99CC33	R 255 G 255 B 255 #FFFFFF	R 51 G 153 B 204 #3399CC	R 153 G 204 B 255 #99CCFF	R 204 G 255 B 255 #CCFFFF	R 102 G 153 B 204 #6699CC
R 0 G 153 B 204 #0099CC	R 255 G 255 B 204 #FFFFCC	R 102 G 204 B 153 #666699	R 204 G 204 B 204 #CCCCCC	R 0 G 51 B 102 #003366	R 153 G 204 B 255 #99CCFF	R 204 G 204 B 204 #CCCCCC	R 102 G 153 B 204 #6699CC	R 102 G 102 B 102 #666666
R 51 G 102 B 153 #336699	R 204 G 204 B 153 #CCCC99	R 0 G 51 B 102 #003366	R 51 G 153 B 204 #3399CC	R 0 G 51 B 102 #003366	R 204 G 204 B 204 #CCCCCC	R 153 G 204 B 204 #0099CC	R 255 G 255 B 255 #FFFFFF	R 102 G 102 B 102 #666666
R 102 G 153 B 204 #6699CC	R 0 G 102 B 153 #006699	R 0 G 0 B 0 #000000	R 0 G 51 B 102 #003366	R 204 G 204 B 204 #CCCCCC	R 0 G 102 B 153 #006699	R 153 G 153 B 51 #999933	R 51 G 102 B 153 #336699	R 51 G 51 B 51 #333333

图2-28　常见的蓝色系配色方案

蓝色容易让人联想到海洋、天空等自然界中的事物，因此也常被用在旅游类的页面中，使用蓝色系配色方案的网店页面如图2-29所示。

图2-29　使用蓝色系配色方案的网店页面

2.5 应用实例——使用Color Scheme Designer配色工具

配色是电商视觉设计的关键之一，精心挑选的色彩组合可以使设计更有吸引力。然而，很多时候电商视觉设计人员不知道如何进行色彩搭配，如今有很多配色工具可以帮助电商视觉设计人员配色。

Color Scheme Designer 是一款在线配色工具，通过拖动色轮来选择色调，可导出十六进制颜色代码的 HTML、XML 和 TXT 文件。电商视觉设计人员使用 Color Scheme Designer 配色的具体方法如下。

（1）使用搜索引擎找到 Color Scheme Designer 在线配色工具，图 2-30 所示为单色搭配方案，在页面左侧的色环上选择颜色后，在页面右侧会显示相应的单色搭配色。

（2）单击页面左上角的"互补色搭配"图标，页面右侧会显示相应的互补色配色方案，如图 2-31 所示。

图2-30 单色搭配方案

图2-31 互补色配色方案

（3）单击页面左上角的"类似色搭配"图标，页面右侧会显示相应的类似色配色方案，如图 2-32 所示。

（4）单击页面左上角的"类似色搭配互补色"图标，页面右侧会显示相应的类似色搭配互补色配色方案，如图 2-33 所示。

图2-32 类似色配色方案

图2-33 类似色搭配互补色配色方案

课后练习题 ↓

1. 观察图2-34所示的电商促销广告作品，利用所学知识分析其色彩搭配。分析该作品中哪些色彩是使用了同类色，哪些色彩是使用了邻近色，哪些色彩是使用了对比色，哪些色彩是使用了互补色。

图2-34　电商促销广告作品

2. 分析图2-35所示的网店海报，分析哪些是主色，哪些是辅助色，哪些是点缀色，并分析其搭配是否合理。

图2-35　网店海报

商品图片的美化与修饰

知识目标

- 掌握调整商品图片大小的方法。
- 掌握调整商品图片色彩的方法。

技能目标

- 掌握组合商品图片的技巧。
- 掌握修饰商品图片的技巧。
- 掌握添加图片特效的技巧。

素质目标

- 具备调整商品图片色彩的能力。
- 具备针对商品图片的审美意识和审美能力。

网上购物的特殊之处在于消费者只能通过图片、文字、视频来了解商品，图片的好坏往往是吸引消费者的重要因素，所以商品图片的美化与修饰非常重要。一幅好的商品图片胜过千言万语，有经验的商家都非常重视商品图片在网络销售中的重要性。每个商家都需要有清晰、漂亮的图片来宣传自己的商品。通过对本章的学习，读者可以掌握商品图片的美化与修饰技巧等知识。

3.1　调整商品图片大小

调整商品图片大小是指缩小或放大图片的长度和宽度。在正常情况下，要保持图片的长宽比例。大尺寸图片适当缩小，质量一般不会降低；小尺寸图片放大，图片质量就会降低，会变得模糊，有明显的锯齿。

 课堂讨论

为什么要调整商品图片的大小？

3.1.1　网店图片的常见尺寸

网店使用的图片有严格的尺寸要求，不同网店对图片尺寸的要求也不同。页面中的每个模块都有相应的尺寸要求，了解这些尺寸要求，是制作这些模块的前提。表 3-1 所示为常见的图片尺寸及支持的图片格式。

表 3–1　常见的图片尺寸及支持的图片格式

图片名称	尺寸要求	支持的图片格式
（淘宝）店标	80像素×80像素	GIF、JPG、JPEG、PNG
（淘宝）主图	通常情况下800像素×800像素，非服饰类主图宽和高的比为1：1，服饰类主图宽和高的比建议最好为3：4	JPG、PNG
（淘宝）直通车图	标准尺寸800像素×800像素	JPG、PNG
（淘宝）智钻图	640像素×200像素、520像素×280像素、170像素×200像素	JPG、PNG
（淘宝）店招	默认：950像素×120像素 全屏：1920像素×150像素 手机淘宝店招：750像素×750像素	JPG、PNG
（淘宝）全屏轮播	建议：宽度为1920像素，高度一般在400～800像素	JPG、PNG

续表

图片名称	尺寸要求	支持的图片格式
（唯品会）首页	宽度为1920像素，高度不限	JPG、PNG
（唯品会）主图	1200像素×1200像素	JPG、PNG
（唯品会）商品详情页	宽度为990像素，高度不限	JPG、PNG
（京东）首页	宽度为1920像素，高度不限	JPG、PNG
（京东）商品详情页	宽度为990像素，高度不限	JPG、PNG
（京东）主图	800像素×800像素	JPG、PNG

3.1.2　调整图片尺寸

调整图片尺寸

在处理网店商品图片时，会有各种不同的尺寸需求。图片太大会影响页面的打开速度，所以常常需要调整图片的尺寸。例如，在制作商品详情页时，需要对诸多大小不一的商品图片和素材图片进行缩放，以符合商品详情页的宽度。调整图片尺寸是电商视觉设计人员需要掌握的基本技能之一。

电商视觉设计人员使用 Photoshop 中的"图像大小"命令可以调整图片的尺寸。下面介绍如何利用 Photoshop 调整图片的尺寸，具体操作步骤如下。

（1）启动 Photoshop，打开需要修改的图片文件，如图 3-1 所示。

图3-1　打开图片文件

（2）选择"图像"|"图像大小"命令，弹出"图像大小"对话框，如图 3-2 所示，在对话框中调整图片的"宽度"和"高度"。

图3-2　"图像大小"对话框

　　要保证商品图片不变形，就需要打开"等比缩放"按钮 ，打开后只要调整"高度"或"宽度"中的一个参数，另外一个参数就会发生相应变化。

（3）单击"确定"按钮，即可调整图片尺寸，如图 3-3 所示。

图3-3　调整图片尺寸

3.1.3　裁剪商品图片

　　下面介绍电商视觉设计人员如何裁剪商品图片，具体操作步骤如下。

　　（1）启动 Photoshop，选择"文件" | "打开"命令，打开图片文件，选择工

具箱中的裁剪工具 ，如图 3-4 所示。

图3-4　打开图片并选择裁剪工具

（2）按住鼠标左键，在舞台中绘制选区，如图 3-5 所示。

（3）在选区内双击即可裁剪图片，裁剪后的图片效果如图 3-6 所示。

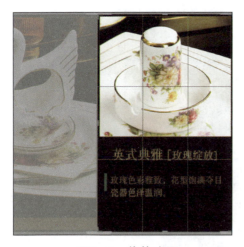

图3-5　裁剪选区

图3-6　裁剪后的图片效果

 专家指导

　　商品主图通常都需要裁剪，因此在拍摄商品照片时，旁边多留一些空白，这样能够为后期进行裁剪等工作留出足够的余地。

3.1.4　校正倾斜的图片

在拍摄商品的过程中，难免会将照片拍歪，造成图片倾斜。下面介绍电商视觉设计人员如何矫正倾斜的图片，具体操作步骤如下。

（1）启动 Photoshop，选择"文件"|"打开"命令，打开图片文件，如图 3-7 所示。

（2）按"Ctrl+A"组合键全选图像，如图 3-8 所示。

图3-7　打开图片文件　　　　　　　　图3-8　全选图像

（3）选择"编辑"|"自由变换"命令，将鼠标指针移出自由变换框，此时鼠标指针将变成弯曲的双箭头，单击并拖动以自由旋转图片，如图 3-9 所示。

（4）按"Enter"键确认调整，如图 3-10 所示。

图3-9　旋转图像　　　　　　　　　　图3-10　确认调整

专家指导

> "自由变换"命令的主要功能包括缩放、旋转、翻转、倾斜和扭曲图像等。"自由变换"命令可以用来调整图像的位置、大小和角度，该效果通常可以应用于整个图层，也可以应用于选定的区域。

3.2 调整商品图片的色彩

在 Photoshop 中，色彩调整包括对亮度 / 对比度、曝光度、色阶、曲线、色相 / 饱和度的调整，每一种调整都会使图片产生不一样的效果。在网店中，准确地展示商品色彩是很重要的，可以避免不必要的售后问题。

课堂讨论

> 为什么要调整商品图片的色彩？通过哪些工具可以调整商品图片的色彩？

3.2.1 调整图片的亮度/对比度

提高亮度是指提高图片整体的亮度，这样可以使图片的暗部细节更好地展现出来。提高对比度是指增大图片明暗区域中最亮的白色和最暗的黑色之间的差异程度。明暗区域的差异程度越大，图片对比度越高，增大对比度后，图片整体偏亮；明暗区域的差异程度越小，图片的对比度越低，降低对比度后，图片整体偏暗。

调整图片的
亮度/对比度

下面将介绍电商视觉设计人员如何调整一幅图片的亮度和对比度，以提高图片品质，具体操作步骤如下。

（1）启动 Photoshop，打开图片文件，如图 3-11 所示。

（2）选择"图像"|"调整"|"亮度 / 对比度"命令，弹出"亮度 / 对比度"对话框，向左拖曳滑块

图3-11　打开图片文件

可降低亮度和对比度,向右拖曳滑块可增加亮度和对比度。设置"亮度"为97,"对比度"为0,如图3-12所示。

（3）查看调整后的效果,可以看到图片亮多了,调整图片亮度和对比度如图3-13所示。

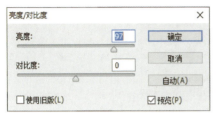

图3-12　"亮度/对比度"对话框　　　　3-13　调整图片亮度和对比度

3.2.2　调整图片的曝光度

通常,由于受技术、天气、时间等影响或条件所限,拍出来的商品照片有时会不尽如人意,常见的问题就是曝光过度或者曝光不足。下面介绍电商视觉设计人员如何使用Photoshop简单而有效地解决这些问题,具体操作步骤如下。

（1）启动Photoshop,打开一个曝光不足的图片文件,如图3-14所示。

（2）选择"图像"|"调整"|"曝光度"命令,弹出"曝光度"对话框。由于这张图片是比较暗的,如果想让图片变亮,就应该将图片的曝光度增强,调整"灰度系数校正"的值可以整体地调节画面的平衡。设置"曝光度"为+1.85,"位移"为0,"灰度系数校正"为1,如图3-15所示。

图3-14　打开图片文件　　　　　　　图3-15　调整曝光度

（3）单击"确定"按钮,即可调整图片的曝光度,可以看到增亮的效果非常明显，如图 3-16 所示。

图3-16　调整曝光度后的效果

3.2.3　调整图片的色阶

色阶是图片中黑色、白色、灰色的指数标准。简单地说，调整 RGB 通道的色阶就可以调整图片的明暗程度，但这种方法对色彩并不起作用。只有调整红色、蓝色、绿色通道中任意一个通道的色阶，图片的颜色混合参数才会发生变化，图片的颜色也会随之发生变化。

下面介绍电商视觉设计人员如何使用 Photoshop 调整图片色阶，具体操作步骤如下。

（1）启动 Photoshop，打开图 3-17 所示的图片文件。

（2）选择"图像"|"调整"|"色阶"命令，弹出"色阶"对话框，单击"选项"按钮，如图 3-18 所示。

图3-17　打开图片文件

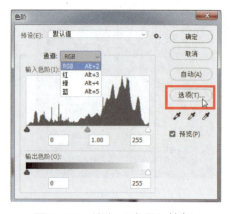

图3-18　单击"选项"按钮

专家指导

　　"通道"下拉列表框中有4个选项："RGB""红""绿""蓝"。调整前要确定是对RGB主通道进行调整，还是对红、绿、蓝单色通道进行调整，然后确定是使用滑块还是使用吸管工具进行调整。色阶图的下方有3个滑块，从左到右分别是黑色、灰色和白色滑块，代表画面中的黑色、灰色、白色。调整图片的色阶时，可以拖曳这3个滑块。使用较频繁的是灰色滑块，拖曳灰色滑块，可以在不改变图片阴影和高光的情况下，调整画面的明暗程度。

　　（3）在弹出的"自动颜色校正选项"对话框的"算法"选项组中选中"查找深色与浅色"单选按钮，如图3-19所示，在"目标颜色和修剪"选项组中设置"阴影""中间调""高光"的颜色和数值，完成后单击"确定"按钮，系统自动匹配颜色，调整色阶后的效果如图3-20所示。

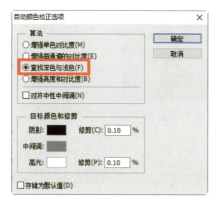

图3-19　选中"查找深色与浅色"单选按钮

图3-20　调整色阶后的效果

3.2.4　调整图片的曲线

　　"曲线"命令是调整偏色最有效的命令之一。曲线实际上是一个坐标图，其中 x 轴表示输入，y 轴表示输出。电商视觉设计人员调整图片的曲线可以让图片更有层次，画面感更强，效果更丰富。

　　下面介绍电商视觉设计人员如何使用 Photoshop 调整图片曲线，具体操作步骤如下。

　　（1）启动 Photoshop，打开图 3-21 所示的图片文件。

　　（2）选择"图像"|"调整"|"曲线"命令，弹出图 3-22 所示的"曲线"对话框。在曲线图上设置一个点，将曲线往上拉，调整 RGB 通道中的曲线形状。

图3-21　打开图片文件

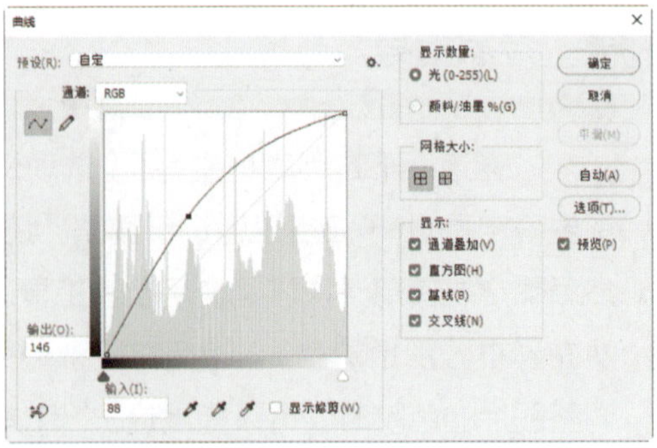

图3-22　"曲线"对话框

（3）调整曲线后的效果如图3-23所示。

图3-23　调整曲线后的效果

专家指导

与"色阶"对话框类似，"曲线"对话框中的"通道"下拉列表框中依然有RGB主通道和红、绿、蓝3色通道。曲线图下面有黑色和白色两个滑块，黑色滑块对应画面的暗部区域，白色滑块对应画面的亮部区域。

3.2.5　调整图片的色相/饱和度

"色相/饱和度"命令主要用来调整图片的鲜艳程度。按"Ctrl+U"组合键，弹出"色相/饱和度"对话框，如图3-24所示。可以看到，中间的参数就是色彩的3个属性，即"色相""饱和度""明度"。在"颜色"下拉列表框中有"全图""红色""黄色""绿色""青色""蓝色""洋红"等选项，如图3-25所示。

调整图片的色相

选择不同的选项，可以对单个颜色进行调整，也可以对整个图片的颜色进行调整。

 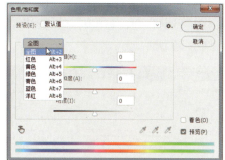

图3-24　"色相/饱和度"对话框　　　　图3-25　"颜色"下拉列表框

下面介绍电商视觉设计人员如何使用Photoshop调整图片的色相和饱和度，如将蓝色调整成紫色，将整个图片颜色调到偏绿等，具体操作步骤如下。

（1）启动Photoshop，打开一个图片文件，如图3-26所示。

图3-26　打开图片文件

（2）按"Ctrl+U"组合键，弹出"色相/饱和度"对话框，在默认情况下对全图调色。拖曳色相滑块，将"色相"值调整为-26，如图3-27所示，图片就会发生相应的色彩变化，全图调整色相后的效果如图3-28所示。

图3-27　调整"色相"值　　　　　图3-28　全图调整色相后的效果

（3）下面进行单色调整。在"色相/饱和度"对话框的"颜色"下拉列表框中选择"蓝色"通道，拖曳色相滑块，如图 3-29 所示，图片就会发生相应的色彩变化。可以看到，蓝色发生了变化，其他色彩没有改变，单色调整色相后的效果如图 3-30 所示。

图3-29 调整"蓝色"通道的色相

图3-30 单色调整色相后的效果

（4）在"色相/饱和度"对话框中，将饱和度滑块向右边拖曳，如图 3-31 所示。可以看到图片变得更加明亮，如图 3-32 所示，与原图相比，色彩更明亮、通透。

 专家指导

  对饱和度的调整即对色彩浓度的调整。调整图片饱和度的前提是图片的饱和度与实物的饱和度有差距。若某种色彩已经处在饱和状态，再去调整就会适得其反，使色彩变得没有层次，降低图片质量。调整色彩时应进行微调，过度调整容易产生噪点，造成失真，降低图片质量。

图3-31 拖曳饱和度滑块

图3-32 图片变得更加明亮

（5）在"色相/饱和度"对话框中，将明度滑块向左拖曳，如图3-33所示，这时图片变暗，如图3-34所示。

图3-33　拖曳明度滑块　　　　　　　图3-34　图片变暗

3.3　组合商品图片

在进行创意图片设计、海报设计、主图设计时，经常需要组合商品图片。下面介绍如何抠取商品图片、如何为商品图片添加文字、如何添加形状与图案。

3.3.1　抠取商品图片

下面介绍电商视觉设计人员如何使用魔棒工具抠取商品图片，具体操作步骤如下。

（1）启动 Photoshop，打开一个图片文件，在工具箱中选择"魔棒"工具，如图3-35所示。

（2）在工具选项栏中的"容差"文本框中输入合适的值，在图片中的背景处单击鼠标左键，选择背景，按住 Shift 键依次单击背景中没有被选中的地方进行加选，将整个背景选中，如图3-36所示。

图3-35　打开图片文件并选择　　　　图3-36　选中整个背景
　　　　"魔棒"工具

（3）选择"选择"|"反选"命令，将挎包选中，如图3-37所示。

（4）选择"选择"|"修改"|"羽化"命令，弹出"羽化选区"对话框，在"羽化半径"文本框中输入"0.5"，如图3-38所示。

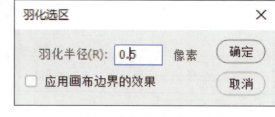

图3-37　将挎包选中　　　　　　　图3-38　输入"羽化半径"值

（5）选择"编辑"|"拷贝"命令，复制挎包图像。打开一个图片文件，作为新背景，选择"编辑"|"粘贴"命令，将复制的挎包图像粘贴到新背景中，如图3-39所示。

（6）选择"编辑"|"自由变换"命令，将挎包图像缩小到理想状态，如图3-40所示，即可完成图像抠取。

图3-39　粘贴挎包图像到新背景中　　　图3-40　缩小挎包图像

3.3.2　为商品图片添加文字

在拍摄完商品照片并进行处理后，通常要添加文字以防止图片被他人盗用，还要添加图层样式使图片更加美观。下面介绍电商视觉设计人员如何为商品图片添加文字，具体操作步骤如下。

为商品图片添加
文字

（1）启动Photoshop，选择"文件"|"打开"命令，打开图片文件，如图3-41所示。

（2）选择工具箱中的横排文字工具，在图片中输入文字"要美味,更要趣味"，如图3-42所示。

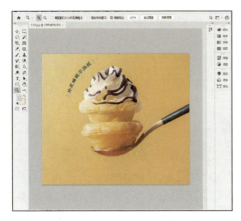

图3-41 打开图片文件

图3-42 输入文字

（3）选择"图层"|"图层样式"|"外发光"命令,弹出"图层样式"对话框。在该对话框中设置"不透明度"为20%,"杂色"为17%,"大小"为7像素,"范围"为50%, 如图3-43所示。

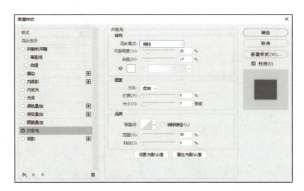

图3-43 设置外发光图层样式

（4）单击"确定"按钮,设置图层样式后的效果如图3-44所示。

（5）打开"图层"面板,将"不透明度"设置为30%, 如图3-45所示。

图3-44 设置图层样式后的效果

图3-45 设置"不透明度"

3.3.3 添加形状与图案

电商视觉设计人员使用 Photoshop 可轻松地向图片中添加各种形状和图案，可以使用各种形状工具绘制形状，也可以从大量的预设形状中进行选择。下面介绍几种不同的绘制形状和图案的方法。

1. 使用形状工具组绘制形状与图案

形状工具组中包括矩形工具、圆角矩形工具、椭圆工具、多边形工具、直线工具、自定形状工具等，如图 3-46 所示，使用这些工具可以绘制一些特定的形状。使用自定形状工具，可以创建 Photoshop 预设的形状、自定义的形状或者是外部提供的形状，使用形状工具组绘制形状与图案如图 3-47 所示。

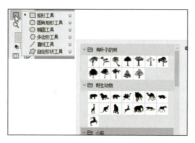

图3-46　形状工具组　　　　图3-47　使用形状工具组绘制
　　　　　　　　　　　　　　　　　　　形状与图案

2. 使用钢笔工具绘制形状与图案

选择钢笔工具，在工具选项栏中设置"工具模式"为"形状"，设置"填充"颜色，然后按住鼠标左键并拖曳就可以绘制出轮廓清晰的形状与图案了，图 3-48 所示为使用钢笔工具绘制形状与图案。

图3-48　使用钢笔工具绘制形状与图案

3. 使用画笔工具绘制图案

Photoshop 中的画笔工具自带多种样式的笔刷，画笔工具的笔刷样式如图
3-49 所示，电商视觉设计人员可选择合适的笔刷绘制想要的图案。图 3-50 所示
为使用画笔工具绘制的图案。

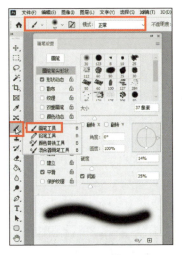

图3-49　画笔工具的笔刷样式　　　　图3-50　使用画笔工具绘制的图案

4. 应用下载的图案

除了使用 Photoshop 绘图外，电商视觉设计人员还可以从素材网上下载 PSD
格式或 PNG 格式的图案素材，如图 3-51 所示。

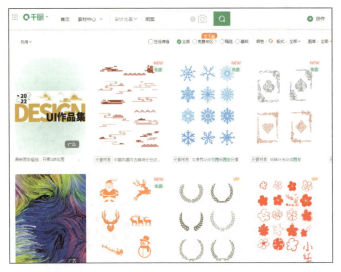

图3-51　从素材网上下载图案素材

3.4 修饰商品图片

电商视觉设计人员在修饰商品图片时，要根据要求和目的的不同而选择不同的修饰方法，下面介绍修饰商品图片的几种常用方法。

3.4.1 去除背景中多余的物品

拍摄环境杂乱会导致拍摄出的商品照片不够美观，此时，电商视觉设计人员可使用内容识别填充功能和内容感知移动工具来快速对图片进行处理，具体操作步骤如下。

（1）启动 Photoshop，打开一个图片文件，如图 3-52 所示。

（2）使用套索工具为图片中的多余物品创建选区，如图 3-53 所示。

（3）选择"编辑"|"填充"命令，打开"填充"对话框，在"内容"下拉列表框中选择"内容识别"选项，单击"确定"按钮，如图 3-54 所示。

（4）返回工作界面，查看多余物品被清除后的效果，如图 3-55 所示。

图3-52　打开一个图片文件

图3-53　创建选区

图3-54　选择"内容识别"选项

图3-55　多余物品被清除后的效果

（5）使用同样的方法对图片中有污迹的部分创建选区，使用内容识别填充功能清除污迹。若污迹清除不到位，可以选择内容感知移动工具，在污迹旁边干净的地方绘制能够覆盖污迹的选区，绘制选区如图 3-56 所示。

图3-56　绘制选区

（6）将选区拖曳到污迹上，即可覆盖并清除污迹，清除污迹的效果如图 3-57 所示。

图3-57　清除污迹的效果

3.4.2　提高图片的清晰度

在 Photoshop 中，使用"锐化"命令可以提高图片的清晰度，"锐化"命令对调整图片的清晰度有着极大帮助。当然，不是所有图片都能被调整清晰度，所以在获取图片时，电商视觉设计人员应尽可能获取高质量的图片。若条件允许，应将图片输出为 RAW 格式，给后期调整清晰度留出更大的余地。下面介绍电商视觉设计人员如何使用 Photoshop 提高图片清晰度，具体操作步骤如下。

（1）打开一个不清晰的图片文件，如图 3-58 所示。

（2）选择"图像"|"模式"|"Lab 颜色"命令，如图 3-59 所示。

图3-58　打开图片文件

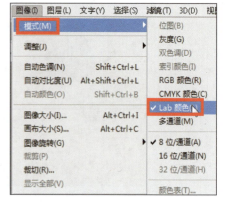

图3-59　选择"Lab 颜色"命令

（3）打开"图层"面板，在该面板中可复制"背景"图层，如图 3-60 所示。

（4）选择"滤镜"|"锐化"|"USM 锐化"命令，弹出"USM 锐化"对话框，在对话框中设置"数量"为 74%，"半径"为 9 像素，"阈值"为 69 色阶，如图 3-61 所示。

图3-60　复制"背景"图层

图3-61　"USM锐化"对话框设置

（5）在"图层"面板中将"模式"设置为"柔光"，"不透明度"设置为 63%，如图 3-62 所示。

（6）如果图片还是不够清晰，还可以复制相应的图层，直到调整清晰为止，如图 3-63 所示。

图3-62　设置图层模式　　　　图3-63　提高图片清晰度效果

3.5　添加图片特效

在处理图片时，电商视觉设计人员除了可以修饰图片、丰富图片内容外，还可以为图片添加特效，如虚化背景，添加发光效果，或添加精美相框效果，这样可以更好地突出商品特征。

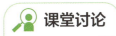 课堂讨论

为什么要对商品图片的背景进行虚化？为什么要给图片添加精美相框效果？

3.5.1　虚化背景

对于一些主体物和背景无法区分、层次不明的图片，当需要将图片的主体物表现出来时，虚化背景是一种常用的方法，这种方法可以使焦点聚集在主体物上，营造一种前实后虚的效果，从而避免背景喧宾夺主，影响主体物。

下面介绍电商视觉设计人员如何虚化处理背景，具体操作步骤如下。

（1）打开图片文件，选择磁性套索工具，在图片中沿着物品轮廓绘制选区，如图 3-64 所示。

（2）选择"选择"|"反选"命令，反选选区，如图 3-65 所示。

图3-64　使用磁性套索工具绘制选区

图3-65　反选选区

（3）选择"选择"|"修改"|"羽化"命令，弹出"羽化选区"对话框，在"羽化半径"文本框中输入"8"，让选区的边缘变得更加柔和，如图3-66所示。

图3-66　输入"羽化半径"值

（4）选择"滤镜"|"模糊"|"高斯模糊"命令，弹出"高斯模糊"对话框，将"半径"设置为4.5像素，如图3-67所示。

图3-67　"高斯模糊"对话框

（5）单击"确定"按钮，返回工作界面中。取消选择选区，可以看到背景虚化后的效果如图 3-68 所示。

图3-68 背景虚化后的效果

3.5.2 添加发光效果

不同的商品有不同的特性，电商视觉设计人员需要根据商品的特性来修饰商品图片。如修饰汽车、计算机、手机等科技类商品的图片时，就需要添加发光的效果来突出商品主体。可以使用 Photoshop 中的"内发光"和"外发光"图层样式来添加发光效果。下面电商视觉设计人员将为商品图片添加发光效果，具体操作步骤如下。

（1）打开图片文件，如图 3-69 所示。

（2）选择"文件"|"置入嵌入对象"命令，置入卡通汽车图片，如图 3-70 所示。

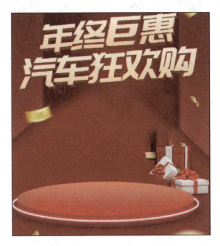
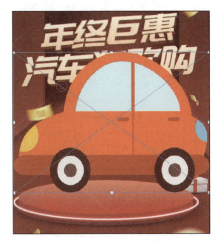

图3-69 打开图片文件　　　　图3-70 置入卡通汽车图片

（3）选择"编辑"|"自由变换"命令，调整卡通汽车的大小与位置，使其

位于画面下方，如图 3-71 所示。

（4）在"图层"面板中双击"卡通汽车"图层，如图 3-72 所示。

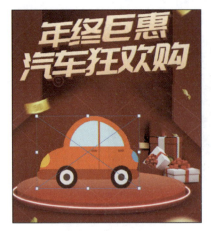

图3-71　调整卡通汽车的大小与位置　　图3-72　双击"卡通汽车"图层

（5）在弹出的"图层样式"对话框中选中"内发光"复选框，设置"发光颜色"为黄色（# f1ff0a），将"混合模式"设置为"滤色"，将"不透明度""阻塞""大小""范围"分别设置为"41%""38%""18 像素""50%"，完成后单击"确定"按钮，如图 3-73 所示。

（6）在文档窗口中可以查看添加内发光图层样式后的效果，如图 3-74 所示。

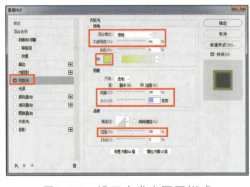
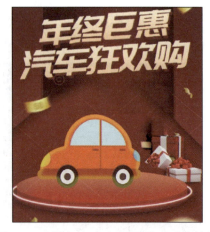

图3-73　设置内发光图层样式　　图3-74　添加内发光图层样式后的效果

（7）在"图层样式"对话框中选中"外发光"复选框，选中"渐变色"单选按钮，设置"渐变色"为橙色，将"混合模式"设置为"滤色"，将"不透明度""方法""扩展""大小""范围"分别设置为"42%""柔和""10%""24 像素""50%"，如图 3-75 所示。

（8）设置完成后单击"确定"按钮，在文档窗口中可以查看添加外发光图层样式后的效果，如图3-76所示。最后保存图片完成本例的制作。

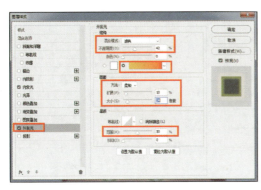

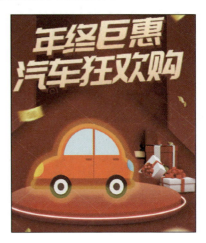

图3-75　设置外发光图层样式　　　图3-76　添加外发光图层样式后的效果

3.5.3　添加精美边框

光影魔术手是用于对图片画质进行改善和进行效果处理的软件，它简单、易用，每个人都能用它制作出精美相框、艺术照和专业胶片效果，而且它完全免费。它是图片后期处理、快速美化的必备软件。下面介绍电商视觉设计人员如何给商品图片添加精美的边框效果，具体操作步骤如下。

（1）使用光影魔术手打开图片文件，如图3-77所示。

（2）单击"边框"按钮，在弹出的列表中选择"花样边框"选项，如图3-78所示。

图3-77　打开图片文件　　　　　图3-78　选择"花样边框"选项

（3）在打开的"花样边框"窗口中选择相应的边框样式，如图3-79所示。

（4）单击"确定"按钮，即可为图片添加边框效果，如图3-80所示。

图3-79　选择相应的边框样式

图3-80　添加边框效果

<h2>3.6　应用实例——批处理商品图片</h2>

在处理商品图片时，电商视觉设计人员常常要同时处理几十幅甚至上千幅图片。每一幅图片都要打开、调整大小然后再保存起来，这要浪费很多的时间和精力。电商视觉设计人员如何批处理这些简单的重复性操作呢？下面介绍电商视觉设计人员如何对商品图片进行批处理，具体操作步骤如下。

（1）使用Photoshop打开需要编辑的图片文件，如图3-81所示。

（2）选择"窗口"|"动作"命令，打开"动作"面板，单击右下角的"创建新动作"按钮，如图3-82所示。

图3-81　打开图片文件

图3-82　单击"创建新动作"按钮

（3）弹出"新建动作"对话框，单击"记录"按钮，如图 3-83 所示。

（4）在"动作"面板中即可新建"动作 1"，如图 3-84 所示。

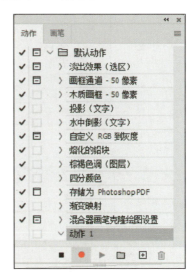

图3-83 单击"记录"按钮　　　　　　　　图3-84 新建动作

（5）调整图片的大小，然后单击左下角的"停止播放/记录"按钮■，停止记录，如图 3-85 所示。

图3-85 停止记录

（6）选择"文件"|"自动"|"批处理"命令，弹出"批处理"对话框，如图 3-86 所示。

（7）单击"源"下拉列表框下面的"选择"按钮，在弹出的"浏览文件夹"对话框中选择图片所在的位置,完成后单击"确定"按钮返回"批处理"对话框，如图 3-87 所示。

图3-86　"批处理"对话框

图3-87　选择图片所在的位置

（8）单击"确定"按钮，即可对文件夹中所有的图片进行批处理，如图3-88所示。

图3-88　对文件夹中的所有图片进行批处理

课后练习题 ↓

1. 调整曝光不足的照片。打开素材文件，如图3-89所示。在"曝光度"对话框中设置相应的参数，对曝光不足的图片进行曝光度的调整，调整曝光度后的效果如图3-90所示。

图3-89 打开素材文件

图3-90 调整曝光度后的效果

2. 给图片添加水印效果。打开素材文件，如图3-91所示。选择工具箱中的横排文字工具，在图片上输入需要添加的文字，并设置图层样式，还可以设置文字图层的不透明度，添加文字后的效果如图3-92所示。

图3-91 打开素材文件

图3-92 添加文字后的效果

营销推广图视觉设计

知识目标

- 熟悉直通车图片的设计原则。
- 熟悉超级钻展图片的设计原则。

技能目标

- 掌握设计直通车图片的方法。
- 掌握设计商品促销海报的方法。
- 掌握设计超级钻展图片的方法。

素质目标

- 具备电商视觉营销推广图设计能力。
- 具备编写海报文案的能力。

营销推广图是商家参加电商平台活动时使用的宣传图。一张优秀的营销推广图不仅可以展示商品，还能快速吸引消费者的注意，引导消费者进一步了解商品和网店，从而提高商品的销量。通过对本章的学习，读者可以掌握直通车图片设计、超级钻展图片设计、商品促销海报设计等知识。

4.1　直通车图片设计

直通车是为网店商家量身定做的按关键词竞价或按点击率付费的营销工具，可以实现商品的精准推广。对于直通车图片来说，高点击率意味着商品受到消费者的欢迎，也意味着商家能获得较高的收益。

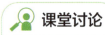

课堂讨论

直通车图片设计有哪些原则？

4.1.1　直通车图片的设计原则

直通车图片展现的是网店推荐的商品，一般位于搜索结果页面右侧的"掌柜热卖"下方，图 4-1 所示为直通车推广的商品图片。直通车图片的作用是引流，因此其设计不但要简洁明了，而且要巧妙地加入卖点信息。直通车图片担负着为商品引流的重任，直通车图片设计得好，就能大大提高网店的流量。

图4-1　直通车推广的商品图片

一般情况下，电商视觉设计人员在设计直通车图片时应遵循以下几个原则。

1. 设计前要做好定位

对于直通车图片，电商视觉设计人员在设计前一定要做好定位。一般先根据直通车的投放计划来确定要投放的位置，然后确定目标消费人群，通过分析目标消费人群的喜好、消费能力和生活习惯等因素来确定设计的风格、颜色和促销的方式等，使设计的图片更容易被消费者接受。

2. 不要和大商家的直通车图片重复

有的小商家看到大商家网店的巨大流量，就把直通车图片设计得和大商家的一模一样，这样在网店平台搜索时就有很多重复的直通车图片。消费者一般会选择销量高、评价好、价格低的知名网店去购买，如果小商家的直通车图片毫无新意，和大商家的直通车图片重复，消费者来购买的概率是很低的。现在讲究差异化竞争，直通车图片设计得与同行不同，才可能吸引消费者的注意，从而点击进入网店查看商品的详细信息。

3. 构图合理

直通车图片的构图方式有很多，包括对称式构图、对角线构图、九宫格构图、圆形构图等。构图总体上要符合从左至右、从上至下的视觉习惯，图文搭配比例要合理，颜色搭配要和谐。同时，不要让大量的文字覆盖商品，否则容易影响商品展示的完整性。图 4-2 所示为构图和图文搭配比例合理的直通车图片。

图4-2　构图和图文搭配比例合理的直通车图片

4. 文字要整齐、统一

制作直通车图片的时候，切忌胡乱排列图片中的文字，乱排文字不仅会使页面显得杂乱不堪，而且容易引起消费者的不适感。应用文字时，文字的排列方式、行距、字体颜色、样式等要整齐、统一，可通过改变字体大小或者颜色的方式来呈现信息的层次，如图4-3所示。

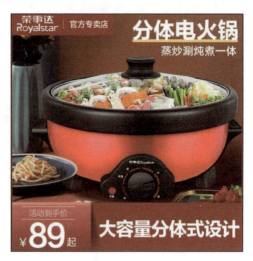

图4-3 文字要整齐、统一

5. 突出商品与背景的色彩差异

如果商品的颜色与背景的颜色相同或相近，很容易降低商品的辨识度。在设计直通车图片时，要尽量使用与商品本身色彩差异较大的背景颜色，注意不要让背景的颜色太过复杂，否则很容易使商品图片在整个直通车图片中的主导地位受到影响。

6. 把握商品的吸引力

电商视觉设计人员可使用独特的拍摄手法、夸张的文案，或精美的搭配使本网店的商品图片与其他网店的商品图片形成鲜明对比，让本网店的商品图片从大量同类图片中脱颖而出，吸引消费者的注意。需要注意的是，若商品款式的吸引力强，就应该全面展示商品款式，此时并不需要烦琐的文案，使用大量留白的背景、单一的色彩反而更能体现商品的质感，更能吸引消费者的注意。

7. 保持图片的清晰度

直通车图片必须具有较高的清晰度，清晰的图片能够让人感受到商品的质感。所以在设计直通车图片时，电商视觉设计人员一定要把比较暗的图片调亮、比较模糊的图片使用锐化工具调整清晰，保持图片的清晰度，如图4-4所示。

图4-4 保持图片的清晰度

在制作直通车图片时通常不会只做一张，可以围绕不同的卖点、使用不同的设计形式多做几张直通车图片，以此来测试直通车的点击率，最终确认使用哪张直通车图片来做推广。

4.1.2　突出商品卖点的设计

在制作直通车图片时，一定要重点表现商品的卖点，表现商品卖点时，应尽量做到精准有力。图片上的文字也是相对重要的，处理不当，就会影响直通车图片的点击率。

可以采用强烈的对比色块表现醒目的卖点促销或价格信息，以营造画面张力，主题文案要放在直通车图片前的视觉中心点，文案的提炼应该简洁。图 4-5 所示为每张直通车图片上都提炼出了商品的卖点文案，该图所示的文案文字少，一目了然，当然能很快吸引消费者的注意。

图4-5　每张直通车图片上都提炼出了商品的卖点文案

在直通车图片中也可以添加网店的信息，这样能让消费者从多方面认识网店、品牌，能进一步增强消费者对网店、品牌的认同感，提高消费者对商家的信任。当然，受图片尺寸的限制，直通车图片的主要功能还是展示商品本身。

一张直通车图片能够表现的卖点是有限的，不可能把所有的卖点都加上。一张直通车图片只表现一个卖点即可，可以制作多张直通车图片轮流使用。

4.2 超级钻展图片设计

超级钻展图片
设计

超级钻展是专门为有更高信息发布需求的商家量身定做的工具，超级钻展的位置都是淘宝优质的展示位置，通过竞价排序，按照展示次数收费，其性价比高，适用于品牌网店的推广。

4.2.1 超级钻展概述

超级钻展不仅适合发布商品信息，而且适合发布网店促销信息、网店活动信息，以及推广网店品牌。超级钻展可以为网店带来极高的流量，同时还会增加消费者对网店的好感，增强消费者的黏度。

超级钻展的位置是 PC 端淘宝或天猫首页的焦点，在图 4-6 中红框图片的位置就是超级钻展的位置。

图4-6 PC端超级钻展的位置

随着移动设备的普及，横版焦点图流量不断下降，超级钻展也进行了升级，移动端首页焦点图由横版变为竖版，带来全新的视觉体验。移动端的超级钻展图片一般在淘宝 App 打开后，会展现在搜索框下面较为明显的位置，移动端超级钻展的位置如图 4-7 所示。

超级钻展具有如下优势。

●人群更清晰：锁定不同圈层中的同类型人群，基于远近关系输出定制化策略。

●场景更丰富：淘宝内外媒体矩阵覆盖消费者生活中的各个场景。

●玩法更多元：具有丰富的组件类型，多重刺激消费者互动点击。

●操作更智能：降低商家的操作门槛，"智能技术＋算法"使操作更便捷。

●超炫展现：超级钻展不仅支持静态格式的图片展示，而且支持动态格式的动画展示，商家可以把展示图片做得非常漂亮。

●超优产出：按照展示次数收费，不展示则不收费，商家可以自由组合信息发布的时间、位置、费用等。

●定向准：目标定向性强，可以定向主流购物人群，直接生成订单。

图4-7　移动端超级钻展的位置

4.2.2　超级钻展图片的设计原则

超级钻展广告位费用相对较高，因此商家都很重视超级钻展图片的质量。超级钻展图片一定要有吸引力，如果图片不能吸引消费者点击，展现机会再多也没有用。下面介绍超级钻展图片的设计原则，遵守这些原则，就可以做出好的超级钻展图片。

1. 突出商品质感

所谓质感，就是商品表现出的可以被快速感知的真实感。质是指质地，感是指感觉。把商品某一个质感不错的局部细节直接放大展示，如图4-8所示，往往能带来更高的点击率。

图4-8　放大展示细节突出商品质感

2. 整体铺满背景

因为电商平台的推广图大部分都是非常小的，设计出美观的整体图是很不容易的，这时将整图铺满背景就很和谐自然了，同时也便于创意构图。使用整体拍摄的背景能凸显整体气氛。背景上不需要有华丽的元素，否则会分散消费者的注意力。背景上也不应大面积使用黑色，否则会太过沉闷。

3. 堆积促销信息

电商平台充满各种各样的促销信息，如果单点促销信息力度不够，可以采用多点促销信息。针对网店活动推广，把网店重要的促销信息都堆积出来，如图4-9所示。

常见的促销信息包括包邮、满就减、满就送、赠送礼品、抽奖活动、全场打折等，采用多种促销信息堆积，往往可以获得很不错的点击效果。

图4-9　堆积促销信息

4. 使用精确的数字

不论什么样的超级钻展图片，都需要展现商品和相关信息，而用于展现信息的文字中，让浏览者最敏感的往往就是数字，使用了数字的超级钻展图片通常能够获得较好的点击效果。

数字代表的是精确、权威、客观和专业，在文案中加入数字不仅能让商品在消费者面前建立可信度，还能以一种有冲击力的方式迅速、准确地吸引消费者的注意。图4-10所示为使用精确的数字示例，图中的超级钻展图中含有数字信息"5折""赠品价值1099元""抢100元优惠券""直降千元""预付10元抵100元上不封顶"。另外，如果使用数字，最好比较精确，如"已卖出10583件"就比"已卖出1万件"效果好。

图4-10　使用精确的数字示例

5. 采用左文右图构图

左文右图构图就是左边放文字，右边放商品或模特。大部分的浏览习惯都是从左到右的，这样就会先看到文字，再看到商品。超级钻展图片对商品起到宣传推广作用，而浏览者主要靠文字来获取信息，所以文字一定要放在图片中相对显眼的位置，左文右图的构图原则符合这个原理。

图 4-11 所示为采用左文右图的构图，该图左边的促销信息文字吸引消费者的注意，右边是拍摄的商品图片。需要注意的是，左边的文案最好不要超过 3 句，第一句通常是商品的卖点，第二句则为优惠信息，第三句为购买引导。

图4-11　采用左文右图的构图

6. 塑造价值感

塑造价值感的方法有两种：一种是降低商品的价格门槛，另一种是提高商品的价值。

要降低商品的价格门槛，定价时可以采用小单位，这样会让消费者感觉商品的价格比较便宜，如茶叶 500 元 / 斤可以定成 50 元 / 两。也可以用较小单位商品的价格进行比较，如图 4-12 所示的"洗车只需 0.3 元，洗 10 次车成本就赚回来啦"，让消费者感到只需要花很小的代价就可以拥有超高价值的商品。

图4-12　塑造价值感

要提高商品的价值，也可以用细分的方法。很多时候，商家提供的商品和服务，消费者只看到结果，不知道具体的价值。通过细分，把商品和服务进行拆解，能够让消费者知道自己购买了哪些商品和服务，让消费者买得更放心。

4.2.3　引人注目的创意设计

在超级钻展图片设计中，要想达到吸引消费者、使消费者购买的目的，超级钻展图片自身必须有独特的创意。好的创意能巧妙、恰如其分地表现主题、渲染气氛，增强感染力，让人过目不忘。

创意并不是天才的灵感，而是思考的结果，是将现有的要素重新进行组合。在图片设计中，创意设计的目的是表现主题。因此，创意必须围绕主题来提炼。

图4-13所示为富有创意的超级钻展图片，图中的设计很有创意，首先绘制出多彩的颜色，以突出"生活本应多彩"的主题，同时使用了钻石项链图片，可以为超级钻展图片带来不一样的表现形式与视觉冲击力。

图4-13　富有创意的超级钻展图片

好的创意必须具有好的审美。一种创意如果不能给浏览者带来美好的审美感受，就不会产生好的效果。好的创意应内容健康、生动，符合人们的审美观念。图4-14所示为设计美观的超级钻展图片。

图4-14　设计美观的超级钻展图片

4.2.4 设计风格统一

超级钻展图片的设计风格要与网店的设计风格统一，可以与网店有同一设计要素或使用同一造型、同一风格或同一色彩，给人一种连续、统一的形式感，同时又具有一定的变化，增强消费者对网店的印象和信任度。

对于超级钻展图片而言，明确的主题能促使消费者点击图片，也是激发消费者潜在需求的利器。因此，图片也需要根据钻石展位的主题设计统一的风格。通过图片背景的设计，可以烘托出图片的整体氛围与设计风格。

图 4-15 所示为某网店的超级钻展图片，图 4-16 所示为该网店首页，可以看到二者的设计风格是统一的。

图4-15　某网店的超级钻展图片

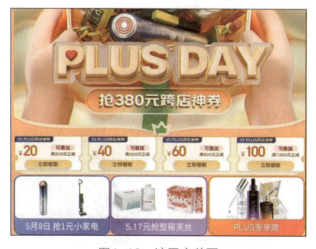

图4-16　该网店首页

4.2.5　确定重点表现元素

一般来说消费者浏览超级钻展图片的时间也就几秒，如果图片不能突出卖点或者优惠力度，那么消费者自然就不会点击图片了。一张成功的超级钻展图片要有能在几秒内吸引消费者的能力，才能更好地提高网店流量。超级钻展图片的意义在于为网店带来流量，搭配适当的色彩、控制好相关元素的尺寸也是让超级钻展图片具有足够吸引力的关键。

在设计超级钻展图片时，需要确定图片的重点表现元素，突出主题的文字要大，如上新、年货促销、清仓甩卖，或者店庆、双十一大促之类的文字一定要大一些。图4-17所示为重点突出优惠价格，图片中的价格元素颜色醒目、尺寸较大，这样的图片就比只有商品的图片更能吸引消费者去点击。

图4-17　重点突出优惠价格

4.3　商品促销海报设计

商品促销海报设计

商品促销海报是网店的重要宣传工具，能将商家和消费者直接联系在一起。商品促销海报通过文字、图片和视频等元素传递给消费者重要的商品信息，加强消费者对商品的认知，从而激发他们的购买欲望。

4.3.1　商品促销海报的设计标准

商品促销海报对设计的要求比较高，其中有一定的内在规律和标准，这也是电商视觉设计人员必须掌握的知识。商品促销海报的设计标准如下。

1.　确定主题

在设计商品促销海报之前，首先要确定主题，确定要推广宣传的文字信息和内容。促销主题一定要明显，整张图的促销信息要放在显眼的位置。促销信息的字号要够大，并适当添加特殊文字效果，这样视觉效果会更好。图4-18所示为满就减的活动信息，这样的海报可以使消费者了解商品并且产生购买欲望。

图4-18　满就减的活动信息

2. 视觉冲击力强

一张商品促销海报能否取得成功，要看其是否美观大方，以及是否有视觉冲击力。海报必须要在几秒内吸引消费者的注意，特别是在一些传统节日，如果商品促销海报不好看，消费者是不可能点击的。

3. 符合目标用户群体的审美

商品促销海报设计出来就是给目标用户群体看的，因此要符合目标用户群体的审美，才能准确传达信息。不同的目标用户群体审美标准不同，图4-19和图4-20所示的两张海报的版式结构几乎一模一样，它们一个是符合年轻女性审美的海报设计，一个是符合男性审美的海报设计，所以在字体、颜色和细节上都有不同。图4-19所示的海报中用的字体非常活泼，海报的整体色彩是粉红色，符合它的目标用户——年轻女性的审美；而图4-20所示的海报的整体色彩是绿色，采用古典设计，这些都让这个海报更能打动它的目标用户——男性消费者。

图4-19　符合年轻女性审美的海报设计

图4-20　符合男性审美的海报设计

4. 主次分明

商品促销海报一定要主次分明，不要太花哨，整个版式设计要区分信息层级，分清楚商品层、文案层、背景层哪部分是画面的重心，哪部分需要着重表现。如果整个海报的版式布局比较分散、元素分布过于平均，会使浏览者不能迅速掌握哪里是重心。

图4-21所示为主次分明的海报，图中的商品促销海报，文字信息呈现的方式是分层次展开的，设计的逻辑也是按层次结构展开的。

图4-21　主次分明的海报

辅助信息的字体应较小，如平台活动的一些备注，有什么限制和注意事项，这些信息可以放在海报的最下方，不需要太突出。

5. 色彩搭配合理

商品海报中的颜色并不是用得越多越好，电商视觉设计人员应尽可能选用和谐的颜色进行设计。商品促销海报中的主要颜色最好不要超过 3 种，颜色过多容易造成视觉疲劳。图 4-22 所示为使用红色或白色的促销文字，大部分促销主题的文字颜色一般会用红色或白色，因为这两种颜色亮度更高，比较容易引人注目。

一种控制色彩的简单方法是按照 6：3：1 的比例配置色彩，也就是说，3 种颜色的面积比为 6：3：1。例如，主色为蓝色，那么其面积应该占 60% 左右；辅助色选择主色的色环 15º 内的色彩，如黄色或者紫色，其面积应该占 30% 左右；点缀色选择主色的色环对角线上的色彩，其面积占 10% 左右。

图4-22　使用红色或白色的促销文字

6. 适当添加装饰

海报大致设计完后，在空白过多的地方适当地加一些与促销主题相关的小装饰，能起到锦上添花的效果，如图 4-23 所示。小装饰不宜过多，免得画蛇添足，整张促销海报应适当留白，这样给人的感觉会更好。如果是概念海报，画面可以多留白，如果是促销海报，则不宜留白过多，否则会失去促销氛围。

图4-23　适当添加小装饰

4.3.2　商品促销海报的设计思路

一张好的商品促销海报既可以吸引消费者进入网店，还可以生动地传达网店的商品信息和各类促销活动情况，是网店必不可少的宣传形式。下面介绍商品促销海报的设计思路。

 课堂讨论

如何设计商品促销海报？商品促销海报的设计思路是怎样的？

1. 促销主题突出

商品促销海报必须有一个明确的主题，海报中所有的元素都必须围绕这个主题展开。要想使网店的商品在同行业众多相似的商品中脱颖而出，电商视觉设计人员在创作商品促销海报时，需要抓住并强调商品本身与众不同的特征，并把它们鲜明地表现出来。可以将这些特征放在海报页面的重要位置，或对其加以烘托处理，使消费者能立即感知这些特征，达到引起消费者的兴趣、刺激其购买欲望的目的。

促销的主题一般是价格、折扣和其他促销内容，这个信息要放在视觉焦点上，被突出和放大，如图 4-24 所示。

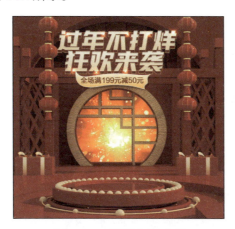

图4-24 促销主题突出

2. 促销时间突出

在设计促销海报时，促销时间一定要突出显示，或用 GIF 文件做成动画效果，让时间跳动，让人产生紧迫感，这样更容易促使消费者下单购买。促销时间应放在促销主题附近。图 4-25 所示为促销时间突出效果，该 618 促销活动海报中就突出了促销的具体时间。

图4-25 促销时间突出效果

3. 打折促销

在设计促销海报时，可以精心设计限定条件，使消费者觉得不立即下单就会吃亏。图 4-26 所示为商品打折促销海报，图中的商品促销海报通过"全场 3 折起""震撼清仓，疯狂淘宝""疯狂时间：3 月 11 日—4 月 14 日"，达到吸引众多消费者抢购的目的。

图4-26　商品打折促销海报

4. 满额送促销

满额送这种形式是生活中各大商场常用的促销方式，如今这种促销方式也被应用到网店中，对消费者同样有巨大的吸引力。满额送把商品作为礼物赠送给消费者，以实物的方式给消费者提供优惠。

这种促销方式既可以保持品牌调性，又可以起到促销的作用，是很多商家喜欢用的手段。网店不打折，消费者可能会觉得商品贵；直接打折，虽然可以让消费者少花钱，但商家却损失了利润。因此，网店如果不直接打折，而是采用满额送的方式，使消费者产生类似直接打折的感觉，就可以促使消费者多消费、多下单，以达到促销的效果。图 4-27 所示为满额送促销海报，商家根据消费者不同的消费额度赠送不同的礼品，刺激消费者下单购买。

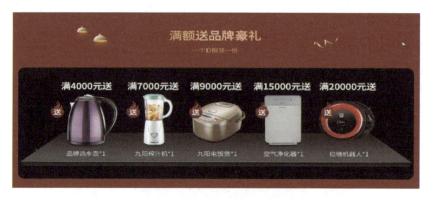

图4-27　满额送促销海报

5. 包邮促销

包邮促销是电商平台常用的促销方式。快递费用通常也是一笔不小的支出，消费者对可以免邮购物感到非常开心，包邮促销在很大程度上刺激了消费者的购买欲望。图 4-28 所示为包邮促销海报。

图4-28　包邮促销海报

6. 合理夸张

夸张是指对商品品质或特性在某个方面进行夸大，以加深消费者对这些品质或特性的认识。电商视觉设计人员采用这种手法不仅能鲜明地强调商品的品质，还能使商品促销海报产生一定的艺术效果。夸张手法的运用可以使商品的特征更加鲜明、突出和动人，如图4-29所示。但要注意夸张的程度，合理夸张，不要脱离实际，否则会引起消费者的反感。

7. 对比衬托

对比也是一种在设计促销海报时经常采用的表现手法。这里的对比不是指文字的对比，而是指将商品特性和卖点通过对比进行表现，借助对比呈现出品质的差别。通过这种手法，可以更鲜明地强调或揭示商品的特性和卖点，给消费者留下深刻的印象。图4-30所示为利用对比衬托出商品的优势示例。

图4-29　合理夸张

图4-30　利用对比衬托出商品的优势示例

4.4　应用实例——设计促销海报

促销海报从功能上可以分为两大类：整店促销海报和单品促销海报。整店促销海报是店内促销活动的整体呈现，图片素材要选择能体现网店风格的场景图，文案要体现整店促销活动和信息。单品促销海报针对单品的卖点进行宣传，文案和素材注重突出单品风格和卖点。下面以单品促销海报为例进行介绍，具体操作步骤如下。

应用实例——
设计促销海报

（1）启动 Photoshop，选择"文件"|"新建"命令，弹出"新建"对话框，设置"宽度"为 900 像素，"高度"为 420 像素，单击"确定"按钮，新建空白文档，如图 4-31 所示。

图4-31　新建空白文档

（2）选择工具箱中的矩形工具，在工具选项栏中将"填充"颜色设置为红色（#e60012），在舞台中绘制矩形，如图 4-32 所示。

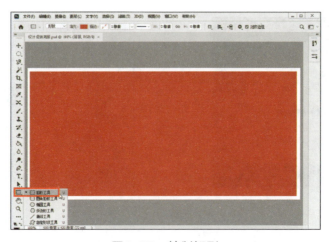

图4-32　绘制矩形

（3）选择"文件"|"置入嵌入对象"命令，弹出"置入嵌入的对象"对话框，在该对话框中选择图片文件"ren"，如图 4-33 所示。

图4-33 选择图片文件

（4）单击"置入"按钮，将图片文件置入舞台中，如图4-34所示，将其拖曳到相应的位置。

图4-34 置入图片文件

（5）重复步骤（3）、（4），置入另外3个图片文件，如图4-35所示。

图4-35 置入另外3个图片文件

（6）选择工具箱中的横排文字工具，在舞台中根据需要输入相应的文字，并设置不同字号，如图4-36所示。

图4-36 输入文字并设置字号

（7）选中"特价组合套餐"，选择"图层"|"图层样式"|"描边"命令，弹出"图层样式"对话框，在该对话框中选中"描边"复选框，将"颜色"设置为白色，"大小"设置为4像素，如图4-37所示。

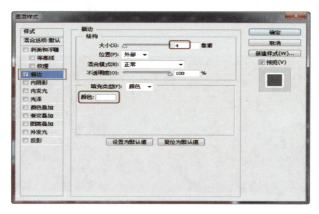

图4-37 "图层样式"对话框设置

（8）单击"确定"按钮，设置图层样式，如图4-38所示。

图4-38 设置图层样式

（9）选择工具箱中的自定形状工具，在工具选项栏中将"填充"颜色设置为白色（#ffffff），"描边"颜色设置为深红色（#a40000），"描边"大小设置为2点，单击"形状"按钮，在弹出的下拉列表中选择相应的形状，然后在右上角绘制形状，如图4-39所示。

图4-39 绘制形状

（10）选择工具箱中的横排文字工具，在工具选项栏中设置相应的参数，在舞台中输入文字"5月1日全天"，如图4-40所示。

图4-40 输入文字

课后练习题 ↓

为网店制作促销广告是为了推销商品，下面练习制作商品促销海报。

（1）给图片添加水印效果。打开素材文件，如图4-41所示。

图4-41　打开素材文件

（2）置入人物图片，选择工具箱中的横排文字工具，在图片上输入需要的文字，为其设置不同的字体、颜色和字号，并设置图层样式，完成的商品促销海报效果如图4-42所示。

图4-42　完成的商品促销海报效果

第 5 章

店标与店招视觉设计

知识目标

- ◢ 熟悉店标的定义。
- ◢ 熟悉店标的分类。
- ◢ 熟悉店招视觉设计方案。

技能目标

- ◢ 掌握店标的设计制作方法。
- ◢ 了解店招视觉设计实例。
- ◢ 掌握将店招应用到网店中的方法。

素质目标

- ◢ 具备设计店招的能力。
- ◢ 具备设计店标的能力。

店标与店招作为非常重要的网店视觉设计元素，有着非常重要的作用。店标与店招代表着网店的形象，作为固定标志，会长期、反复出现。通过对本章的学习，读者可以掌握店标与店招的视觉设计技巧。

5.1 店标设计

店标设计

一个让人赏心悦目的店标能够快速吸引消费者的注意，电商视觉设计人员必须重视店标的视觉设计。

5.1.1 店标的定义

店标是网店的标志，有着相当重要的地位，好的店标更能够给消费者留下深刻的印象，有利于商家扩展自己的客户群。店标不仅代表着网店的风格、商家的品位、商品的特性，而且还能起到宣传的作用。

> 品牌网店的店标应该简洁明了，能够清晰地传达品牌的名称信息，应避免过于繁复，否则会降低品牌的格调。品牌网店店标的应用一定要保持一致性，一旦投入使用，严禁随意乱改。

大量网店经营着同样的品类，而其店标的设计却完全不同，这是为什么呢？因为店标是网店定位的外在表现，形式要符合网店的定位要求。网店定位不同，即便经营的品类相同，其店标也不一样。图5-1所示为销售小熊电器网店的店标。

图5-1　销售小熊电器网店的店标

5.1.2 店标的分类

从店标的设计表现形式来看，店标可以分为中文文字店标、英文文字店标、图形店标和图文结合店标。

1. 中文文字店标

中文文字店标主要由中文文字构成，适用于多种传播方式，其最大的特点就是好记，一目了然。图5-2所示为韩都衣舍中文文字店标，韩都衣舍创立于2008年，主要销售年轻、时尚的女装品牌。

在设计中文文字店标时，要先寻找和品牌风格吻合的字体，然后在该字体的基础上进行笔画的变形和调整，让字体拥有更加简洁鲜明的形象，在进行修改时要把商品理念融入进去。

汉字是方块字，经过了甲骨文、金文、小篆、隶书、楷书、草书、行书等发展阶段，如图5-3所示。

图5-2 韩都衣舍中文文字店标 　　　　图5-3 汉字的发展阶段

2. 英文文字店标

英文文字店标主要由英文字母构成，其内涵不容易第一时间被消费者理解，可以将其看作一个符号。图5-4所示为某鞋店的英文店标，直接取英文"SHOE ROOM"作为其标志。

英文字母一共有26个，算上大小写和常用的阿拉伯数字0～9，一共有62个元素。与汉字相比，其字体设计的工作量相对较小。英文也有非常丰富的字体。

图5-4 某鞋店的英文店标

3. 图形店标

图形店标是指用图形作为店标，图形包括自然图形，也包括点、线、面等不规则的图形组合。从自然图形抽象得出标志，最重要的是"做减法"，逐步去除不必要的细节，使不规则的线条变成规则的、对称的、平滑的线条。图5-5和图5-6所示为图形店标。

图5-5　图形店标1　　　　图5-6　图形店标2

4. 图文结合店标

图文结合店标使用图形与文字相结合的方式进行设计，这种标志既发挥了文字及图形标志的优点，图文并茂，形象生动，又易于识别。用图形作为店标时，如果不添加店名或品牌名，给人留下的印象是有限的，添加文字信息后会让人一目了然。图5-7所示为伊利旗舰店的店标。

图5-7　伊利旗舰店的店标

5.1.3　店标的设计策略和技巧

一个好的店标能让人眼前一亮，商家通常会专门设计自己网店的店标。常见的店标设计策略和技巧如下。

1. 店标元素应与网店相关

店标设计可以采用色彩、图案、文字等多个元素。店标所使用的元素可以和网店有关，如网店的名字、网店中的商品、创业理念等，使用这些元素设计出来的标志更容易被人们记住。在符合要求的基础上，使用醒目的颜色、独特的图形、精美的字体和强烈的动画效果，都可以给人留下深刻的印象。

2. 店标设计应有权威性

店标是网店视觉传达的核心，也是网店传达信息的主要渠道。店标在网店的所有活动中都会出现，不仅具有权威性，而且是其他视觉要素的核心。

3. 店标设计应有造型

店标的造型千变万化，有抽象符号、中外文字组合等，不同造型的店标如图5-8所示。店标的造型会影响消费者对商品品质的信心和对网店形象的认同。

图5-8　不同造型的店标

4. 店标风格与网店的设计风格应统一

店标的风格应与网店的经营理念、文化特色、经营的内容和特点等统一，只有这样，才能获得消费者的认同。图5-9所示为店标风格与网店的设计风格统一示例。

图5-9　店标风格与网店的设计风格统一示例

5. 店标设计应有系统性

店标的视觉设计一旦确定，随之展开的就是店标的精准化设计工作，其中包括店标与其他基本设计要素的组合。精准化设计的目的是对店标的应用进行系统化、规范化、标准化的科学管理。

6. 店标设计应顺应时代发展

店标要为消费者熟知和信任，就必须长期使用、长期宣传，在消费者的心目中扎下根。面对发展迅速的社会，瞬息万变的市场竞争形势，店标设计也要不断改进，以顺应市场环境的动态变化。有的店标用得过久，已不适合新时代的审美，其发挥的作用也就大打折扣了。

提到中国乳业，那必然少不了伊利，从内蒙古呼和浩特的街道小厂，到入围亚洲、全球乳业阵营，伊利公司始终凭借着"超越不息"的发展要领，一直持续稳居国内行业的龙头位置。伊利公司标志的更新历程如图 5-10 所示，2018 年更新后的这种简洁、扁平化的设计风格也是近年来的流行趋势，许多知名的品牌都将标志向扁平化的趋势靠拢，以此来迎合新生代消费者的审美风向。

图5-10　伊利公司标志的更新历程

5.1.4　店标的基本设计原则

一个好的店标设计，除了能够给人传达明确的信息外，还能够在方寸之间表现出深刻的精神内涵和艺术感染力，给人以静谧、柔和、饱满、和谐的感觉。

电商视觉设计人员要做到这一点，在设计店标时需要遵循一定的设计原则和要求。

课堂讨论

你所知道的店标设计原则有哪些？

1. 富于个性，新颖独特

店标并非只是一个简单的图案，它代表一个品牌，也是一种艺术。店标的设计制作可以说是一种艺术创作，需要电商视觉设计人员从生活中、网店中捕捉创作的灵感。

店标是用来代表网店形象的，要让消费者从中了解网店的独特品质、风格和情感。因此，店标在设计上除了要讲究艺术性外，还要讲究个性化，让店标与众不同。

设计独特店标的根本原则就是要设计出有个性的视觉形象，要善于使用夸张、重复、抽象和象征等手法，使设计出来的店标达到易于识别、便于记忆的效果。商家在设计店标前，需要做好材料搜集和提炼的准备。图5-11所示是一些有个性的店标。

图5-11　一些有个性的店标

2. 简练、醒目，能够明确传达信息

店标是一种视觉语言，其设计要求简练、醒目。图案切忌复杂，但也不要过于含蓄，要做到近看精致巧妙，远看清晰醒目，从各个角度、各个方向上看都有较好的识别度。

另外，店标还应表达一定的含义，能够给消费者传达明确的信息。

3. 符合美学原理

店标设计要符合人们的审美，消费者在浏览一个店标的同时，也是一种审美的过程。设计店标时要注意造型的均衡，使图形给人一种优美、和谐的感觉，能够保持视觉上的均衡，并从线、形、大小等方面做造型处理，使图形兼具动态美与静态美。

在浏览店标的过程中，消费者会把看到的图形用个人的标准进行评价、分析和比较，并得出好或者不好的感受，这种感受会传入大脑并留下记忆。因此，店标设计要具有形象感，能给人带来强烈的视觉冲击。

店标的造型要素有点、线、面、体4种。电商视觉设计人员要借助这4种要素，通过不同的造型，使设计出的图案具有独特的美。

5.1.5　店标的设计制作方法

课堂讨论

设计制作店标的方法有哪些？

按照状态，店标可以分为静态店标和动态店标，下面分别介绍它们的制作方法。

1. 制作静态店标

一般来说，静态店标由文字和图像构成。其中有些店标用纯文字表示，有些店标用图像表示，也有一些店标既包含文字又包含图像。

对于有自己的商标的商家，可以用数码相机将商标拍下，然后用 Photoshop
处理一下，或通过扫描仪将商标扫描下来，再使用图像处理软件来编辑。

有绘图基础的商家，可以先在稿纸上画好草图，然后用数码相机或扫描仪将
图像输入计算机，再使用图像处理软件来完善。

2. 制作动态店标

动态店标就是将多个图像和文字效果制作成 GIF 动画。可以使用 GIF 制作
工具来制作这种动态店标，如 ImageReady、Ulead GIF Animator 等。设计前电商
视觉设计人员应准备好背景图片及商品图片，然后考虑要添加什么文字，如网店
名称或主打商品等，接着使用软件制作即可。图 5-12 所示为使用 Photoshop 制作
的 GIF 格式的店标。

图5-12　使用Photoshop制作的GIF格式的店标

5.1.6　设计童装网店店标

下面介绍如何制作网店的店标，具体操作步骤如下。

（1）启动 Photoshop，选择"文件" | "新建"命令，弹出"新建"对话框，将"宽
度"设置为 500 像素，"高度"设置为 400 像素，如图 5-13 所示。

（2）单击"确定"按钮，新建空白文档，如图 5-14 所示。

图5-13　设置"宽度"和"高度"　　　　图5-14　新建空白文档

（3）选择工具箱中的自定形状工具，在工具选项栏中选择"圆形边框"形状，

并设置"填充"颜色为绿色，如图5-15所示。

（4）在舞台中按住鼠标左键绘制环形，如图5-16所示。

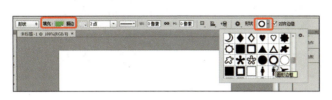 

图5-15　选择形状　　　　　　　　　　图5-16　绘制环形

（5）选择工具箱中的横排文字工具，在舞台中输入文字"宝贝家"，在工具选项栏中设置字体、字号、颜色，如图5-17所示。

图5-17　输入并设置文字

（6）选择"图层"|"图层样式"|"描边"命令，弹出"图层样式"对话框。在该对话框中设置"大小"为10像素，"填充类型"为"颜色"，"颜色"为黄色，如图5-18所示。

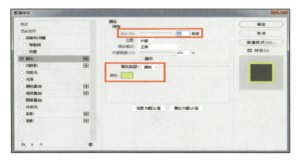

图5-18　设置描边图层样式

（7）单击"确定"按钮，描边效果如图5-19所示。

（8）打开素材图片，按"Ctrl+A"组合键全选图像，然后按"Ctrl+C"组合键复制图像，如图5-20所示。

图5-19　描边效果

图5-20　复制图像

（9）返回到原始文档，按"Ctrl+V"组合键粘贴图像，并调整图像的大小，如图5-21所示。

（10）选择工具箱中的自定形状工具，在舞台中绘制形状，如图5-22所示。

图5-21　粘贴图像

图5-22　绘制形状

（11）选择"图层"|"图层样式"|"外发光"命令,弹出"图层样式"对话框。在该对话框中设置外发光图层样式，如图5-23所示。

（12）单击"确定"按钮，设置外发光图层样式，制作好的店标如图5-24所示。

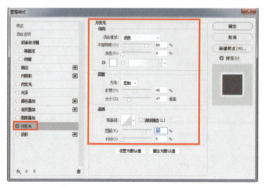

图5-23　设置外发光图层样式

图5-24　制作好的店标

5.2 店招设计

店招的整体视觉设计风格极其重要，为了将店招打造得更好，需要通过视觉设计将网店的信息表达出来，这样才能体现出网店的文化。

5.2.1 店招设计方案

店招是网店的标志，大部分店招都是由店标、商品图片、宣传语及网店名称等组成的。店招通常位于网店首页的顶端，它的作用与实体店铺的店招相同，是消费者进店以后最先了解和接触到的信息。店招不仅是网店的门面，更是网店品牌的形象宣传。图5-25所示为某家居旗舰店的店招。

从内容上看，店招中可以包含网店名称、标志、宣传语、收藏与关注信息，甚至可以包含打折促销信息、搜索框等详细信息。商家希望利用店招区域有限的空间传递出更多的信息，以刺激消费者的购买欲望。需要注意的是，店招中的元素最好不要超过3个，要有足够的留白才能够突出视觉重点。

图5-25 某家居旗舰店的店招

店招的设计各式各样，展示的内容也会随着时间的推移而改变。不管如何设计，店招中有些信息是必不可少的，如网店名称、宣传语等。从功能上来讲，店招可以分为以下几类。

1. 品牌宣传类

这类店招通常会将网店名称、店标、宣传语放在最醒目的地方，以便进行品牌形象塑造，并达到宣传引流的效果，品牌宣传类店招如图5-26所示。也有的店招会添加搜索框和导航条，以方便消费者检索。设计美观、品质感强的店招可以提升网店的形象和档次，从而提高网店的知名度。

图5-26　品牌宣传类店招

2. 活动促销类

这类店招是为了实现活动推广效果而设计的，通常会将促销活动信息、优惠券、打折促销等元素直接放在上面，或者将网店想要打造的活动商品图片经过优化加工放在店招上展示，活动促销类店招如图 5-27 所示。这类店招在设计上会让网店活动占据更大的篇幅，以提升消费者对网店的关注度。

图5-27　活动促销类店招

3. 商品推广类

商品推广类店招的主要特点就是有明显的主推商品。在店招上除了有简单的网店名称和标志外，通常还会直接添加商品图片。这类店招主推促销的商品，通过制造热销款给其他商品带来流量，以达到推广的效果。图 5-28 所示为商品推广类店招。

图5-28 商品推广类店招

为了树立网店品牌形象，提升网店的档次，电商视觉设计人员在设计店招时要注意和导航条的风格统一，利用色彩、装饰元素与风格的相似性来营造视觉上的一致性，打造出独特的网店装修风格，让消费者在浏览网店时能够留下良好的印象。

5.2.2 店招设计规范

在设计店招时需要遵循一定的规范和要求，清晰地告诉消费者网店在卖什么。通过店招也可以对网店的装修风格进行定位。店招设计规范有以下几点。

（1）视觉重点不宜过多。视觉重点有 1 ~ 2 个就够了，否则会让人目不暇接，不知道哪些信息有用。

（2）目前，淘宝支持 GIF、JPG 和 PNG 格式的店招图片。PC 端淘宝店招默认 950 像素 ×120 像素，全屏 1920 像素 ×150 像素。手机淘宝店招默认 750 像素 ×750 像素。

（3）店招中应清晰地显示网店的名称，以加深消费者对网店的印象，提高品牌的知名度。

（4）上传店招图片。电商视觉设计人员可以选择将此图片只应用到当前页面，或应用到整个网店的页面中。

（5）根据网店现阶段的情况来分析。如果现阶段在做大促，电商视觉设计人员可以着重突出促销信息。

（6）店招一定要突显品牌的特性，让消费者清楚地知道网店是卖什么的，以及网店的风格、品牌、文化等。

5.2.3 设计网店店招

下面使用 Photoshop 制作网店店招，制作完成后将店招先保存在计算机上，然后上传到网店的店招位置，具体操作步骤如下。

（1）启动 Photoshop，选择"文件"|"新建"命令，弹出"新建"对话框，在该对话框中将"宽度"设置为 950 像素，"高度"设置为 150 像素，如图 5-29 所示。

（2）单击"确定"按钮，新建一个空白文档，如图 5-30 所示。

图5-29　设置宽度和高度

图5-30　新建空白文档

（3）选择工具箱中的渐变工具，在工具选项栏中双击"点按可编辑渐变"下拉列表框，如图 5-31 所示。在弹出的"渐变编辑器"对话框中设置渐变颜色，如图 5-32 所示。

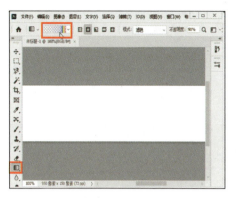
图5-31 选择渐变工具并双击下拉列表框

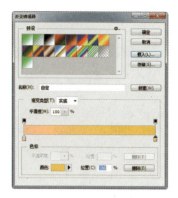
图5-32 设置渐变颜色

（4）单击"确定"按钮，在舞台中填充渐变颜色，如图 5-33 所示。

图5-33 填充渐变颜色

（5）选择工具箱中的自定形状工具，在工具选项栏中单击"形状"右边的下拉按钮，在弹出的下拉列表中选择相应的形状，如图 5-34 所示。

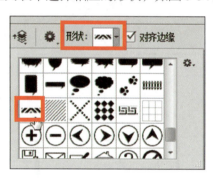

图5-34 选择形状

（6）在舞台中绘制形状，如图 5-35 所示。

图5-35 绘制形状

（7）打开"图层"面板，将"不透明度"设置为 10%，如图 5-36 所示。

（8）选择工具箱中的横排文字工具，在舞台中输入文字"春夏新品全面上架！"，如图 5-37 所示。

图5-36 设置"不透明度"

图5-37 输入文字

（9）选择"图层"|"图层样式"|"描边"命令，弹出"图层样式"对话框，将"颜色"设置为深绿色（#163e02），如图 5-38 所示。

（10）单击"确定"按钮，图层样式的效果如图 5-39 所示。

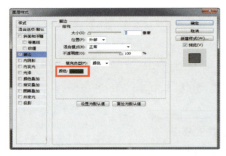

图5-38 设置描边颜色

图5-39 图层样式的效果

（11）选择"文件"|"打开"命令，打开图片文件，按"Ctrl+A"组合键全选图像，再按"Ctrl+C"组合键复制图像，如图 5-40 所示。

图5-40 复制图像

（12）返回到原始文档，按"Ctrl+V"组合键粘贴图像。然后按"Ctrl+T"组合键，调整图像的大小，如图 5-41 所示。

图5-41 粘贴图像并调整其大小

（13）用同样的方法置入另外 3 个图片文件，如图 5-42 所示。

图5-42 置入图片文件

（14）选择工具箱中的椭圆工具，在工具选项栏中将"填充"设置为棕色
（#6a3906），在舞台中绘制一个椭圆，如图 5-43 所示。

图5-43 绘制椭圆

（15）选择工具箱中的横排文字工具，在舞台中输入相应的文字，如图 5-44
所示。

图5-44 输入文字

（16）选择工具箱中的横排文字工具，将字号设置为 48 点，字体颜色设置为
黄色（#ffea17），在舞台上输入文字"5 折封顶"，如图 5-45 所示。

图5-45 输入文字

（17）选择"图层"|"图层样式"|"描边"命令，将"颜色"设置为红色，"大小"设置为3像素，如图5-46所示。

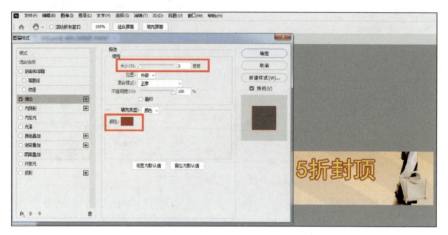

图5-46　设置描边效果

（18）选择工具箱中的矩形工具，在舞台中绘制矩形，并在矩形上输入文字"数量有限下手要快哦！"，如图5-47所示。

图5-47　绘制矩形并输入文字

5.2.4　上传并发布店招

制作完店招后，即可将店招图片上传到淘宝网店。下面详细介绍上传并发布店招的方法。

（1）登录"千牛卖家中心"，在"店铺管理"下单击"店铺装修"超链接，如图5-48所示。

（2）进入淘宝旺铺的"PC店铺装修"页面，单击"首页"后的"装修页面"超链接，如图5-49所示。

图5-48 单击"店铺装修"
超链接

图5-49 单击"装修页面"超链接

（3）打开店铺首页装修页面，单击店招右上角的"编辑"按钮，如图5-50所示。

图5-50 单击"编辑"按钮

（4）打开"店铺招牌"页面，在"背景图"右侧单击"选择文件"按钮，如图5-51所示。

图5-51　单击"选择文件"按钮

（5）进入店铺素材中心，单击"上传"按钮，如图5-52所示。

图5-52　单击"上传"按钮

（6）进入"上传图片"页面，单击"上传"超链接，如图5-53所示。

图5-53　单击"上传"超链接

（7）弹出"打开"对话框，在该对话框中选择"店招"文件，单击"打开"按钮，如图 5-54 所示。

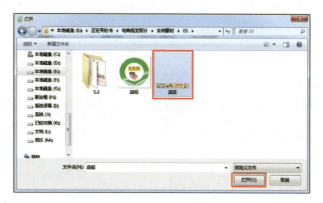

图5-54　选择"店招"文件并单击"打开"按钮

（8）店招上传成功，如图 5-55 所示。

图5-55　店招上传成功

（9）上传完成后，返回"店铺招牌"页面，选择上传后的店招，如图 5-56 所示。

图5-56　选择上传后的店招

（10）插入店招文件，单击"保存"按钮，即可添加店招文件，如图5-57所示。

图5-57　添加店招文件

（11）单击右上角的"发布站点"按钮，即可预览店招效果，如图5-58所示。

图5-58　预览店招效果

5.3　应用实例——设计箱包网店店标

下面使用Photoshop制作一个箱包网店店标，如图5-59所示，具体操作步骤如下。

（1）启动Photoshop，选择"文件"|"新建"命令，弹出"新建"对话框。在该对话框中将"宽度"设置为100像素，"高度"设置为100像素，如图5-60所示，单击"确定"按钮，新建一个空白文档。

图5-59　网店店标　　　　　　图5-60　设置"宽度"和"高度"

（2）在工具箱中选择椭圆工具，按住鼠标左键，在舞台中绘制圆，如图5-61所示。

（3）在工具选项栏中设置"填充"为"透明条纹渐变"，如图5-62所示。

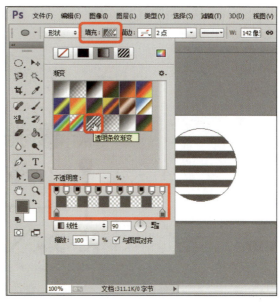

图5-61　绘制圆1　　　　　　图5-62　设置"透明条纹渐变"

（4）单击"不透明度"下的图标，打开"渐变编辑器"对话框，然后设置不同的色标，设置"渐变编辑器"对话框如图5-63所示。

（5）选择工具箱中的椭圆工具，在工具选项栏中将"填充"颜色设置为白色，然后在舞台中绘制圆，如图5-64所示。

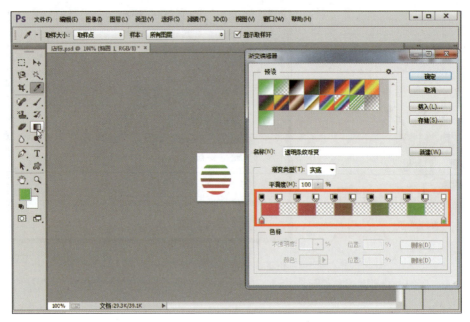

图5-63　设置"渐变编辑器"对话框

（6）选择工具箱中的自定形状工具，在工具选项栏中单击"形状"右边的下拉按钮，在弹出的下拉列表中选择相应的形状，如图5-65所示。

图5-64　绘制圆2

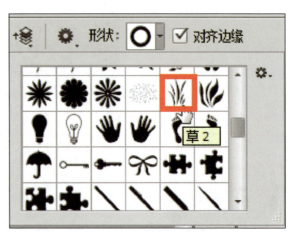

图5-65　选择形状

（7）在工具选项栏中将"填充"颜色设置为黄色（# fff100），在舞台中绘制形状，如图5-66所示。

（8）选择"图层"|"图层样式"|"描边"命令，弹出"图层样式"对话框。在该对话框中设置"颜色"为绿色（# 337718），"大小"设置为2像素，如图5-67所示。

图5-66 绘制形状

图5-67 设置描边图层样式

（9）单击"确定"按钮，设置的图层样式效果如图 5-68 所示。

（10）选择工具箱中的横排文字工具，在舞台中输入文字"秋雨箱包"，如图 5-69 所示。

图5-68 设置的图层样式效果

图5-69 输入文字

（11）选择"图层"|"图层样式"|"混合选项"命令，弹出"图层样式"对话框。在该对话框中的"样式"列表框中选择一种样式，如图 5-70 所示。

（12）单击"确定"按钮，图层样式效果如图 5-71 所示。

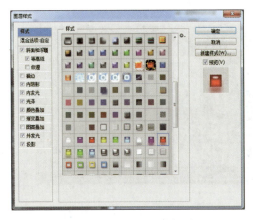

图5-70 选择一种样式

图5-71 图层样式效果

课后练习题 ↓

下面使用提供的素材文件制作店招，本练习需要的素材文件如图 5-72 所示。

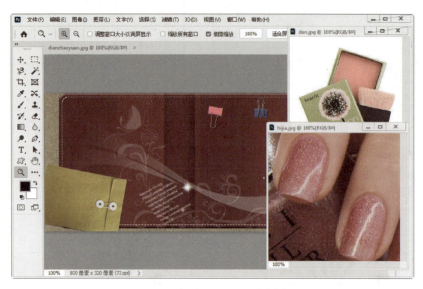

图5-72　本练习需要的素材文件

（1）把素材文件置入背景图层，然后选择工具箱中的横排文字工具，在背景图层上输入文字"彩油全场免邮"。

（2）选择"图层"|"图层样式"|"描边"命令，设置图层描边颜色。

（3）选择工具箱中的横排文字工具，在舞台上单击并输入文字"分装除外　限时限量"。

（4）单击工具选项栏中的"创建文字变形"按钮，弹出"变形文字"对话框，在"样式"下拉列表框中选择"旗帜"选项，最终制作的店招效果如图 5-73 所示。

图5-73　最终制作的店招效果

网店首页视觉设计

网店视觉设计的好坏直接影响消费者对网店的第一印象，好的网店视觉设计能提升网店形象，赢得消费者的好感，从而促进网店内商品的销售。网店首页作为整个网店的形象展示页，相当于实体店铺的门面，其视觉设计至关重要。通过对本章的学习，读者可以掌握首页视觉设计基础、首页视觉设计水平的评价指标、分类导航模块的制作、轮播图片的制作、商品展示区的制作等知识。

6.1 首页视觉设计基础

首页视觉设计
基础

网店首页是一个醒目且关键的部位，首页视觉设计的好坏能在一定程度上影响消费者是否下单购买，首页也是决定网店整体风格的重要一环。

6.1.1 首页的作用

首页是商家向消费者展示商品的载体，它相当于实体店铺的门面，门面的装修直接影响商品的价值呈现。下面介绍首页的作用。

课堂讨论

网店的首页有哪些作用？首页的设计思路有哪些？

1. 提高消费者对网店的信任度

图 6-1 所示是精心设计装修的网店首页，它呈现给消费者的是官方的、品牌感十足的、高品质的网店形象，在不知不觉中提高了消费者对网店的信任度，而且商品的价值也得到了很好的体现。设计优秀的网店首页会增加消费者的页面停留时间、访问深度、点击率等。

装修得漂亮的网店首页能让消费者在浏览网店时感到舒心，即便长时间停留也不会造成视觉疲劳，在挑选商品时也会更加仔细。

2. 传达网店活动信息

网店首页是网店信息量最大、最集中的地方，消费者了解商品往往是从网店的首页开始的。图 6-2 所示为传达网店促销活动信息，该图所示的网店首页在第一屏中把网店的元宵节促销活动信息传达给消费者，再通过文案引起消费者的情感共鸣，从而提高网店的转化率。

网店中销售的商品种类与数量繁多，当消费者进入网店时并不能立刻看到每件商品。通过装修，商家可以将主推商品或促销折扣商品在首页中的醒目位置进行显示，传达网店活动信息，这也是提高销量的一种方式。

图6-1　精心设计装修的网店首页　　图6-2　传达网店促销活动信息

3. 传达品牌形象

首页是传达品牌形象的重要页面。网店的品牌形象是通过网店的整体视觉设计传达给消费者的，而网店首页是消费者对网店形成第一印象的重要区域，是访问量非常高的页面。一个好的网店首页设计可以起到提升品牌形象的作用。好的网店首页设计不仅能塑造网店的形象，而且能加深消费者对网店的印象。

网店首页可以把网店的风格、品牌、经营理念和文化等信息准确地传达给消费者，这些都会为网店的形象加分，有利于网店品牌的形成。图6-3所示为传达品牌形象的网店首页设计，该图片起到了传达品牌形象的作用。

图6-3　传达品牌形象的网店首页设计

4. 增强网店诱惑力

消费者在进入网店后，第一眼看到的就是网店首页。这时，消费者对网店中销售的商品还不了解，对商品的质量也无法评定，而一个设计精美的网店首页就可以给消费者留下美好的第一印象，从而使消费者对品牌和商品产生好感。

好的网店装修可以让消费者在网店中感受到温暖、有趣、可爱等感知，从而增加网店销售额。人人都爱美好的事物，网店首页装修也是这个道理，网店首页的装修不一定要非常有设计感，只要符合网店和商品的定位，就能给消费者提供良好的购物体验。图6-4所示为增强网店诱惑力的网店首页设计。

图6-4　增强网店诱惑力的网店首页设计

5. 网店流量的中转站

流量包括免费的和付费的流量，它对于一个网店是非常重要的。引入流量后，下一步要做的就是提高访问深度。网店的首页流量非常大，消费者在进入网店首页后会浏览网店，电商视觉设计人员需要对网店首页的流量进行合理疏导，帮助消费者快速找到目标商品，让网店主推的单品获得更多的流量。图6-5所示的网店首页上的活动入口、分类导航、优惠券等都起到疏导流量的作用，可以有效降低整个网店的跳失率。

图6-5　网店首页上的活动入口、分类导航、优惠券等都起到疏导流量的作用

6.1.2　首页的设计思路

在设计首页之前，电商视觉设计人员需要明确网店首页的设计思路。根据网店运营的需求，通常可以把网店首页的设计思路分成活动型首页的设计思路、品牌宣传型首页的设计思路。

1. 活动型首页的设计思路

每家网店或大或小总会举办一些促销活动，不同的促销力度对于消费者的吸引力有很大的差别。

（1）在优质位置展示海报。首页就像一张"地图"，起到疏导流量的作用。在正常情况下，流量需求大的页面入口应呈现得更显眼，尺寸也更大，摆放的位置也应相对靠前。按照大多数网店的装修习惯，首页第一屏是海报图，海报图比较有冲击力，是网店最优质的展示位置之一，应该在此将网店中

图6-6　首页海报图

最有特点的商品、最有特色的服务展示给消费者，以此吸引消费者对网店产生兴趣。图6-6所示为首页海报图。

🎓 **专家指导**

在设计海报图时，要围绕以下几点展开。

●海报图要突出目前网店活动的主题、时间、优惠力度。

●海报图可以将目前网店主推商品呈现出来，为主推商品引入流量。

●海报图可以将接下来打算上架的新款商品体现出来，让消费者浏览，提前收藏。

●海报图还可以体现网店商品风格或者差异化的服务。这些都是与其他网店的不同点，也是展示优势的地方。只有不一样的东西，才会吸引消费者的注意。

（2）充分利用商品陈列技巧。电商视觉设计人员在设计活动型首页时，应突出

重点内容，通过有规律的摆设、展示商品及活动内容刺激销售，方便消费者购买。

在做商品陈列时，采用合理的陈列方式可以突显商品的特质，从而吸引消费者停留和点击，合理的陈列方式如图6-7所示。

 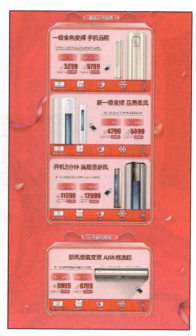

图6-7　合理的陈列方式

（3）单品推广。单品推广的思路适合网店中有热销款或者想要提高某款商品的转化率的情况，如有参加聚划算的单品或者即将打造的热销款，这些商品的销量在同行业中占有一定的份额，进行单品推广的效果自然非常好。

在进行单品推广时一般将该单品的最大卖点作为主要表达的内容。例如，热销款单品的首屏就可以用商品销量作为主打内容，加上商品图片，再添加商品主要信息和价格。另外，该商品如果有对应的活动，如赠品和优惠券等，也应添加在适当的位置，以最大限度地增强商品的吸引力。图6-8所示为单品热销款信息。

（4）"双11""双12"活动。电商平台会举办各种季节性的大型促销活动，如"双11""双12""年中大促"等，活动本身的知名度和促销力度相当有吸引力。这时，在网店最显眼的位置就可以放置参加相关活动的广告，再将活动内容、活动形式、活动时间和优惠券等重要信息选择合适的位置放置。图6-9所示为"双12"活动信息。

（5）新店开业、周年店庆。新店开业、周年店庆也是被普遍采用的活动主题。周年店庆更是大好机会，此时不仅可以做比较大型的促销活动，还可以向消费者展示网店历史。图6-10所示为新店开业活动广告。

图6-8 单品热销款信息

图 6-9 "双12"活动信息

图6-10 新店开业活动广告

2. 品牌宣传型首页的设计思路

首页的作用不仅体现在流量疏导上，它对于品牌的推广也至关重要。品牌的成长离不开曝光度，而首页又是网店流量较集中的页面，利用首页去提升品牌的知名度是一种常用的方法。

在制作以品牌宣传为目的的网店首页时，需要注意以下几点。

（1）品牌展示导向。利用网店首页宣传品牌时，通常会在文案中植入品牌的文化、理念等信息。品牌类电商文案是展示企业品牌精神和品牌个性的载体，也是让消费者对品牌产生信任的有效手段。优秀的品牌类电商文案能让消费者直接从文案内容中了解品牌定位、商品属性等。

商品的品牌形象通过给人以心理的冲击来吸引消费者。商品品牌形象是消费者持有的关于品牌的感知和信念，它体现消费者对品牌的评价与认知。通过呈现品牌的名称、标志等相关信息，让消费者在浏览商品或者广告图时加强对品牌的印象。在电商平台中，许多商家也纷纷通过网店首页塑造其独特的商品品牌形象。例如，格力空调的品牌形象是"让世界爱上中国造"，如图6-11所示。

（2）广告图突显品牌。在广告图中可以融入并使用品牌视觉识别的部分内容，如色调、标志、品牌文化元素等，去强化品牌信息的传达。例如，德芙在其网店首页的广告图中就使用了视觉识别中的主色和标志信息，此举加深了消费者对品牌的印象，如图6-12所示。

图6-11　格力空调品牌形象　　图6-12　德芙在其网店首页的广告图中使用了视觉识别中的主色和标志信息

（3）品牌元素呈现。品牌元素中的字体、图形、色彩是构图的重要元素，品牌的诉求点及品牌文化底蕴等内容可以让消费者对品牌产生信任感，有助于提高转化率。

6.1.3　PC端首页框架布局

 课堂讨论

网店首页有哪些框架模块？

网店的框架就像商场的布局，消费者进入商场先看到什么、后看到什么必须有逻辑，符合浏览习惯。

进行网店页面装修时，应首先对网店的整体页面进行布局。页面布局要有条理和层次感，应尽可能采取简单、层次分明的结构，以便消费者浏览商品。

首页的布局从上到下可以分为页头、主体和页尾 3 部分。页头由网店招牌模块和导航模块构成，位置在页面的最上方；主体由图片轮播模块、客服中心模块、商品分类模块、促销活动区模块、商品展示区模块等构成，其布局可以灵活调整；页尾由自定义内容模块构成，一般为分类导航及售后服务等，位于页面底部。PC 端网店首页布局参考如图 6-13 所示。

页面的整体布局设计好之后，电商视觉设计人员就可以将功能模块直接拖曳到相应的布局区域并进行编辑操作。利用系统默认装修模块制作网店首页，实现起来相对简单，但是效果比较单一、呆板。在具体操作中，电商视觉设计人员还可以通过向自定义内容模块中添加美观图片的方式来取得更好的效果。首页是由多个模块搭建而成的，电商视觉设计人员想要布局一个优秀的网店首页，既要对网店的每个模块都有非常清晰的了解，又要知道它们的重点，还要知道每个模块的使用技巧。

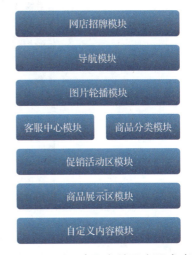

图6-13　PC端网店首页布局参考

 专家指导

　　首页的设计长度与网店类目、商品数量有关。例如，知名的服装、零食网店，其受众、商品款式、品类较多。为了更好地进行分类导购，也为了有效提高客单价，其商品陈列区的分类较多，首页就会做得相对长一些。对于一般网店而言，不应盲目追求过长的首页，最好能在3屏内完成首页设计。

图 6-14 所示为网店首页。在页面顶部设计了网店名称和网站导航，在页面左侧设计了商品分类，使浏览者更容易找到相应的商品分类，在页面右侧使用了大量的商品展示图片展示最近的热门商品。

网店的整体风格要一致。从店标的设计，到主页的风格，再到商品页面，应采用同一色系，最好有相同的设计元素，让网店有整体感。在选择分类栏、网店公告、背景音乐、计数器等元素的时候也要从整体上考虑，风格不统一是网店装修的大忌。

图6-14　网店首页

6.2　首页视觉设计水平的评价指标

判断一个网店首页的设计是否合规，可以从首页跳失率、首页点击率、首页人均点击次数和首页平均停留时间 4 个指标来评价。

首页视觉设计
水平的评价指标

6.2.1　首页跳失率

首页跳失率是指消费者通过某种渠道进入网店后，只访问了首页一个页面就离开的访问次数占该入口总访问次数的比例，它是衡量被访问首页质量的一个重要因素。例如，在访问网店的 100 个人中，有 80 个人看了网店首页一个页面就跳出，意味着该页面的跳失率为 80%。电商运营者需要随时观察网店的各项数据，并根据数据变化情况对页面进行优化与调整。

对页面进行优化与调整为判断标准：如果是心级网店，那么跳失率在 60% 及以下都属于正常，不需要进行优化；皇冠级网店的跳失率如果在 50% 以上，就需要考虑首页视觉设计是否出现了问题，需要根据具体的数据做出相应的优化与调整。

以淘宝网店为例，消费者进入网店首页的渠道有很多，大致可以分为以下几种：从淘宝首页直接进入网店首页、从收藏夹进入网店首页、从已购买商品进入网店首页、通过搜索关键词进入网店首页。

消费者从淘宝首页直接进入网店首页，从收藏夹进入网店首页，以及从已购买商品进入网店首页，通过这 3 种渠道进入的消费者一般属于老客户，这类客户不易流失，而通过搜索关键词进入网店首页的消费者为选择性进入，这类客户容易流失。

6.2.2　首页点击率

首页点击率是商品在首页展现后的被点击比例，首页点击率 = 首页点击量 ÷ 首页展现量。从首页点击率可以看出网店推广的商品是否吸引人。首页点击率越高，说明商品对消费者的吸引力越强；首页点击率越低，说明商品对消费者的吸引力越差，这时就需要对网店首页进行优化。影响点击率的重要因素有图片、销量和价格，如果商品有着吸引人的图片，较高的销量及较低的价格，就可以有效增加点击率。

6.2.3　首页人均点击次数

首页人均点击次数是指在一段时间内人均点击了多少次网店首页。假设某日点击某网店的访问者数量为 150 人，在此期间点击本网店首页的总访问数量为 600 次，那么首页人均点击次数为：600 次 ÷150 人 =4 次 / 人。

首页人均点击次数可以用来测试访客黏度，如果首页的客户体验做得很差，访客进入首页后，找不到自己想要的商品，访客自然就会马上离开。因此，电商运营者要根据首页人均点击次数来优化网店首页整体的导航，美化商品图片，这对留住访客非常重要。

6.2.4　首页平均停留时间

首页平均停留时间：访问网店首页的所有访客总的停留时长 ÷ 访客数。和首页人均点击次数一样，首页平均停留时间也可以用来判断一个网店首页是否能留住访客。

行业性质的不同导致每个行业的访客在网店中停留的时间差异很大。在进行分析时，可以以一段时间内访客在网店首页的平均停留时间为基数，记录下这段时间的销售量。以后再拿新数据做对比，就知道随着平均停留时间的变化，销量是提高了还是下降了。一般情况下，访客平均停留时间越长，说明网店的留客工作做得越到位。

如果访客在首页的平均停留时间很短，就要考虑在商品的图片设计、优化等方面是否把商品的特点都展现出来了，以及首页设计是否能够吸引访客，然后根据后台的数据统计做出相应的调整。

网店的分类导航模块是网店内容架构的体现，网店的分类导航模块是否合理是评价网店易用性的重要指标之一。

6.3.1 分类导航模块常见的表现形式

分类导航模块是每个网店首页都不可或缺的内容，它的作用是帮助消费者快速地找到目标商品，帮助商家快速地管理自己网店内的商品。从网店运营角度来说，分类导航模块的作用是把网店的流量合理地分配给不同的商品或者页面，从而达到预期的效果。网店首页顶部分类导航模块的效果如图6-15所示。

图6-15 网店首页顶部分类导航模块的效果

分类导航模块有3种常见的表现形式。

（1）页头中的通栏导航模块，如图6-16所示。此导航模块默认的高度是30像素，并且不能删除。如果商家想要自行设计此导航模块，就需要把网店的招牌模块高度设计为150像素，在店招中包含设计后的导航模块。这样系统自带的导航模块由于受到店招的挤压，会被下面的内容覆盖，不会呈现给消费者，最终达到自行设计网店导航模块的效果。

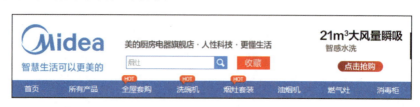

图6-16 页头中的通栏导航模块

（2）侧边栏的纵向导航模块，如图6-17所示。此模块通常宽度为190像素，系统默认是以文字的形式呈现的，电商视觉设计人员可以用设计好的图片去替换文字，让导航更加美观。

（3）内容区的横向导航模块，如图6-18所示。商家可以自行设计此模块，因此可操作性很强，可以将其设计成各种各样的形式，如图文并茂的形式。

图6-17　侧边栏的纵向导航模块

图6-18　内容区的横向导航模块

6.3.2　分类导航模块的设计原则

分类导航模块的设计在整个网店设计中的地位举足轻重。在设计过程中，电商视觉设计人员要注意以下设计原则。

（1）完整性：网店所提供的导航应具体、完整，可以让消费者获得整个网店范围内的导航，明确网店中全部的信息及其关系。

（2）明确性：无论采用哪种导航策略，导航的设计都应该简洁、明确，导航中分类的数量不宜过多，让消费者一目了然。图6-19所示为明确的网店导航。

（3）易用性：充分考虑商品属性和消费者的浏览习惯，新品、特价和热门商品应尽量向前放。

（4）清晰性：导航的目录或主题分类必须清晰，不要让消费者感到困惑，如果有需要突出显示的区域，应该与一般网店页面在视觉上有所区别。

（5）多维度：充分考虑商品的各个属性，从消费者的角度考虑、设计多维度的导航分类，避免出现无商品的空分类。

图6-19　明确的网店导航

电商视觉设计人员在设计时只有充分考虑以上这些原则，才能保证导航策略有效，发挥出导航策略应有的作用。

6.3.3 设计分类导航模块

下面介绍电商视觉设计人员使用 Photoshop 设计分类导航模块，分类导航模块的效果如图 6-20 所示，具体操作步骤如下。

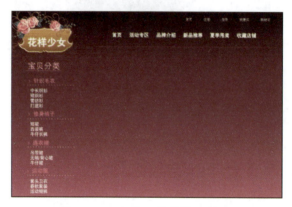

图6-20 分类导航模块的效果

（1）启动 Photoshop，选择"文件"|"新建"命令，弹出"新建"对话框。电商视觉设计人员将"宽度"设置为 1000 像素，"高度"设置为 600 像素，"分辨率"设置为 72 像素/英寸，"颜色模式"选择"RGB 颜色"，"背景内容"设置为"白色"，"新建"对话框设置如图 6-21 所示。

（2）设置完毕，单击"确定"按钮，新建一个背景为白色的空白文档，新建空白文档如图 6-22 所示。

图6-21 "新建"对话框设置　　　　图6-22 新建空白文档

（3）选择工具箱中的渐变工具，双击工具选项栏中的"点按可编辑渐变"下拉列表框，如图 6-23 所示，弹出"渐变编辑器"对话框。电商视觉设计人员在该对话框中设置第一个色标的颜色为深红色（#23060f），第二个色标的颜色为

"#fca6bf"，如图 6-24 所示。

图6-23　选择渐变工具并双击
下拉列表框

图6-24　设置色标的颜色

（4）设置完毕，单击"确定"按钮。电商视觉设计人员按住鼠标左键，在舞台中拖曳，对背景进行填充，如图 6-25 所示。

（5）选择"文件"|"打开"命令，弹出"打开"对话框，在该对话框中选择"花1"图片文件，如图 6-26 所示。

图6-25　填充背景

图6-26　选择文件

（6）单击"打开"按钮，打开"花 1"图片文件，如图 6-27 所示。

（7）按"Ctrl+A"组合键将图像全部选中，选择"编辑"|"拷贝"命令，复制图像，如图 6-28 所示。

图6-27　打开图片文件

图6-28　复制图像

（8）返回文档，选择"编辑"|"粘贴"命令，粘贴图像，然后选择工具箱中的移动工具，将图像移动到文档的左上角，如图6-29所示。

（9）选择工具箱中的横排文字工具，在工具选项栏中将字号设置为36点，然后在背景图片上输入文字"花样少女"，如图6-30所示。

图6-29　粘贴并移动图像

图6-30　输入文字"花样少女"

（10）选择"图层"|"图层样式"|"外发光"命令，弹出"图层样式"对话框，在该对话框中将"大小"设置为3像素，"不透明度"设置为75%，颜色设置为淡黄色，如图6-31所示。

（11）单击"确定"按钮，应用图层样式后的效果如图6-32所示。

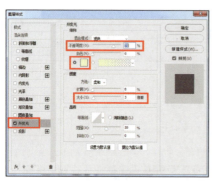

图6-31　"图层样式"对话框

图6-32　应用图层样式后的效果

（12）选择工具箱中的横排文字工具，在右上角输入相应的文字，将字体设置为"宋体"，字号设置为14点，如图6-33所示。

（13）选择工具箱中的横排文字工具，输入文字，将字号设置为18点，字体设置为"黑体"，如图6-34所示。

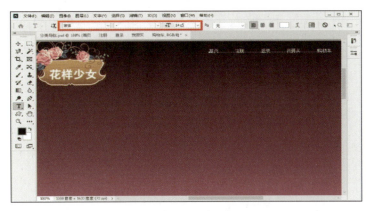

图6-33 输入文字并设置样式

图6-34 输入文字

（14）电商视觉设计人员选择"图层"｜"图层样式"｜"外发光"命令，弹出"图层样式"对话框。在该对话框中将"大小"设置为2像素，"不透明度"设置为75%，设置外发光图层样式如图6-35所示。

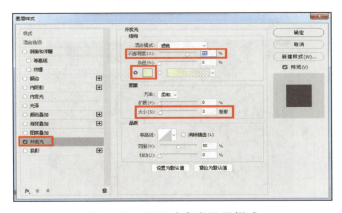

图6-35 设置外发光图层样式

（15）单击"确定"按钮，应用图层样式后的效果如图6-36所示。

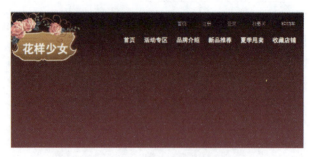

图6-36　应用图层样式后的效果

（16）选择工具箱中的直线工具，设置"填充"的颜色为深红色，"H"为2像素，按住鼠标左键在舞台中绘制线条，如图6-37所示。

（17）选择工具箱中的横排文字工具，在舞台中输入文字"宝贝分类"，设置字号为30点，字体为"黑体"，颜色为粉色（#fab1c6），如图6-38所示。

图6-37　绘制线条

图6-38　输入文字

（18）选择工具箱中的直线工具，将"填充"的颜色设置为粉色（#fab1c6），"粗细"设置为 1 像素，按住鼠标左键在舞台中绘制线条，如图 6-39 所示。

（19）选择工具箱中的横排文字工具，在舞台中输入文字"针织毛衣"，设置字号为 20 点，字体为"黑体"，颜色为深粉色（# e77c9a），如图 6-40 所示。

图6-39　绘制线条

图6-40　输入文字

（20）选择工具箱中的横排文字工具，在文字的下面输入一排圆点，如图 6-41 所示。

（21）用同样的方法在下面输入其他文字，如图 6-42 所示。

图6-41 输入一排圆点

图6-42 输入其他文字

6.4 设计轮播图片

很多网店首页的第一屏都是轮播图片，轮播图片承担着确立网店的视觉风格、传达网店的活动信息等重要责任。需要注意的是，在设计轮播图片时，要保证这个区域在不同的屏幕分辨率下都能够清晰地展现出来。

 课堂讨论

轮播图片的作用是什么？

6.4.1 轮播图片的设计要素

轮播图片其实是循环播放多张海报图片，轮播图片的好坏会直接影响商品的点击率、浏览量等指标。在设计网店首页时，很多商家把海报图片制作成轮播的方式，这样不但可以让消费者获得更多的网店活动和商品信息，而且又可以节省页面空间。图 6-43 至图 6-46 所示为某网店的轮播图片。

轮播图片的
设计要素

要使轮播图片达到美观、吸引消费者注意的效果，电商视觉设计人员就要对每张轮播图片的主题、构图和配色等视觉设计要素进行综合考虑。

1. 主题

轮播图片要突出网店的主题，无论是新品上市还是活动促销，轮播图片都需要围绕主题来设计。一般情况下，轮播图片的主题通过商品和文字描述来体现，将描述提炼成简练的文字主题，并将主题放在轮播图片的第一视觉点，让消费者直观地看到出售的商品，并根据商品和活动选择合适的背景。图 6-47 所示为移动端淘宝网店轮播图片，该图片上方展示了不同颜色的豆浆机，下方通过文字体现主题，这样不但看上去美观，而且主题明确。

图6-43　轮播图片1

图6-44　轮播图片2

图6-45　轮播图片3

图6-46　轮播图片4

图6-47　移动端淘宝网店轮播图片

2. 构图

轮播图片的构图方式可以分为左右构图、左中右三分构图、上下构图和斜切构图4种。

（1）左右构图是比较典型的构图方式，一般分为左图右文或左文右图两种模式。图6-48所示为典型的左右构图效果。

图6-48　典型的左右构图效果

（2）左中右三分构图则是图片在两侧，中间为文字，这种构图比起左右构图更具有层次感。图6-49所示的轮播图片为典型的左中右三分构图效果，中间为文字，两侧为图片。

图6-49　左中右三分构图效果

（3）上下构图是上图下文或上文下图的构图方式。图6-50所示为上文下图构图效果，该轮播图片的上方为介绍文字，下方为商品展示效果。

（4）斜切构图是通过将文字或图片倾斜，使画面产生时尚和动感效果的构图方式，采用这种构图方式时应注意控制画面的平衡感。图6-51所示为斜切构图效果。

3. 配色

电商视觉设计人员在配色时，对重要的文字信息要用突出、醒目的颜色进行强调，通过明暗对比和不同颜色的搭配来确

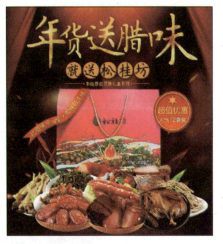

图6-50 上文下图构图效果

定对应的风格，背景颜色应该统一，不要使用太多的颜色，以免页面杂乱。图6-52所示为比较漂亮的配色效果。

图6-51 斜切构图效果

图6-52 比较漂亮的配色效果

6.4.2　设计轮播图片的文案

下面介绍轮播图片的视觉文案的设计知识，包括聚焦消费者视线和构成轮播图片的三要素。

1. 聚焦消费者视线

网店首页的轮播图片可以在一定程度上聚焦消费者的视线，如图 6-53 所示，让其有继续浏览页面的兴趣。首页轮播图片是消费者进入网店后第一时间看到的内容，如果这部分内容能够吸引消费者的注意，会大大提高其继续浏览网店页面的可能性。

图6-53　网店轮播图聚焦消费者的视线

相较于在轮播图片的位置使用大量文字说明的布局，图片结合文案的方式更符合消费者追求轻松阅读与轻松购物的心理。同时，在这个位置放置消费者最渴望看到的信息也是设计这个模块时应该注意的。

2. 构成轮播图片的三要素

网店首页中的轮播图片基本上都是由 3 个要素组成的，即唯美绚丽的背景，完整精致的商品形象和精心编排的广告文案，如图 6-54 所示。

图6-54　轮播图片由3个要素组成

轮播图片的背景一定要与商品保持一致的风格，或者能够烘托出某种特定的气氛。图 6-55 所示为以春节为主题的背景。

图6-55 以春节为主题的背景

　　轮播图片中商品形象的好坏直接关系到商品转化率的高低。商品图片要清晰，杂点要少，要让商品一眼看上去有质感、有层次，这样才能树立良好的商品形象。不清晰的图片一定不能放在网店首页，否则消费者看到这样的图片，就没有心思继续浏览了。因此，轮播图片中的商品形象图一定要经过色调和光影处理，能够真实地再现商品的色彩和品质。图 6-56 所示为轮播图片非常清晰，能够树立良好的商品形象。

图6-56 轮播图片非常清晰，能够树立良好的商品形象

　　文字是轮播图片设计中不可或缺的重要元素，文字说明要简单明了，切记不要把文字说明堆砌在图片上，否则不仅让图片不美观，而且会让人厌烦。另外，重点内容要突出，色彩要鲜明，排版要美观，艺术化的文字编排在轮播图片的设计中显得尤为重要。

　　图 6-57 所示为轮播图片的文字编排效果，从中可以看出文字的字体与字号、色彩的变化等是设计中的关键环节。

图6-57 轮播图片的文字编排效果

6.4.3 设计轮播图片

下面介绍轮播图片的设计方法，轮播图片完成效果如图 6-58 所示，具体操作步骤如下。

图6-58 轮播图片完成效果

（1）启动 Photoshop，打开 6.3.3 小节制作的文件，如图 6-59 所示。

（2）选择"文件"|"置入嵌入对象"命令，在该对话框中选择"lou"图片文件，单击"置入"按钮，如图 6-60 所示。

图6-59 打开文件　　　　　　图6-60 选择图片文件

（3）置入图片文件，并将其移动到相应的位置，如图 6-61 所示。

（4）置入其他的素材文件，然后将其移动到舞台中相应的位置，如图 6-62 所示。

图6-61 置入并移动图片文件

图6-62 置入其他的素材文件

（5）选择工具箱中的横排文字工具，在舞台中输入文字"时尚女装，优雅魅力"，设置字号为 30 点，字体为"黑体"，颜色为黄色，如图 6-63 所示。

（6）选择工具箱中的矩形工具，按住鼠标左键在舞台中绘制矩形，并为其设置填充颜色，绘制并设置矩形如图 6-64 所示。

图6-63　输入并设置文字　　　　　图6-64　绘制并设置矩形

（7）选择"图层"|"图层样式"|"投影"命令，弹出"图层样式"对话框。电商视觉设计人员在该对话框中将"角度"设置为 -24 度，"距离"设置为 5 像素，"大小"设置为 5 像素，"不透明度"设置为 75%，设置投影图层样式如图 6-65 所示。

（8）单击"确定"按钮，应用图层样式后的效果如图 6-66 所示。

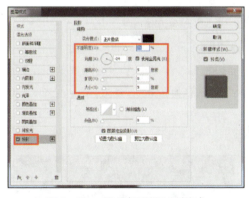

图6-65　设置投影图层样式　　　　图6-66　应用图层样式后的效果

（9）选择工具箱中的横排文字工具，在舞台中输入文字"618 年中盛典"，设置字号为 24 点，字体为"黑体"，颜色为粉红色，如图 6-67 所示。

（10）选择工具箱中的直线工具，设置"填充"的颜色为粉红色，按住鼠标左键绘制线条，如图 6-68 所示。

图6-67　输入并设置文字　　　　　　图6-68　绘制线条

（11）选择工具箱中的横排文字工具，在舞台中输入文字"活动期间全场8折　满200元减30元"，设置字号为24点，字体为"微软雅黑"，颜色为黄色，如图6-69所示。

图6-69　输入并设置文字

（12）选择"图层"|"图层样式"|"描边"命令，弹出"图层样式"对话框。在该对话框中电商视觉设计人员将"大小"设置为3像素，"颜色"设置为红色，如图6-70所示。

（13）单击"确定"按钮，应用描边图层样式，如图6-71所示。

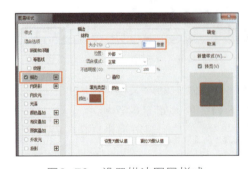

图6-70　设置描边图层样式　　　　　　图6-71　应用描边图层样式

6.5 设计商品展示区

设计商品展示区

商品展示区主要用于展示不同类型的商品，该区域是首页中商品数量最多的区域，其作用是引导消费者下单购买。

6.5.1 商品展示模块的类型

消费者浏览到商品展示模块时，说明对商品已经有了一定的兴趣，这时要促进消费者下单购买，商品展示模块的设计就起到了很重要的作用。商品展示模块怎样制作呢？常见的方法有以下3种。

（1）图6-72所示为使用系统自带的商品展示模块。系统自带的商品展示模块分成自动推荐和手动推荐两类，相对而言比较中规中矩。当商品呈现较多时，商家使用这种模块容易让人产生视觉疲劳。

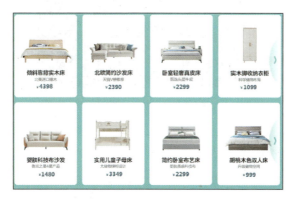

图6-72 使用系统自带的商品展示模块

（2）图6-73所示为使用从网店装修市场购买的商品展示模块。商家可以根据自己的偏好和网店的风格去选择商品展示模板。在购买模板时，商家不仅要从自身的角度去选择，还要从消费者的角度去思考。

图6-73 使用从网店装修市场购买的商品展示模块

（3）图6-74所示为使用个性化设计的商品展示模块。商家利用装修后台的自定义模块做个性化设计的商品陈列，可以更大程度地呈现商品的诱惑力、价值等，对体现商品的质感、品牌感都有很大的帮助。

图6-74　使用个性化设计的商品展示模块

6.5.2　优化商品陈列

商品陈列是一门综合艺术，它集广告性、艺术性、真实性于一体，通过不同的表达方式，将页面内的商品以更加美观的方式呈现给消费者。商品陈列的目的是塑造品牌形象，提高商品的感知价值，促使消费者下单购买。优化商品陈列应从以下几个方面进行。

1. 醒目陈列

商品的陈列应做到醒目、突出，以便迅速引起消费者的兴趣。商品的陈列还应做到丰富，因为丰富的商品可以使消费者产生有充分挑选余地的心理感受，从而激发购买欲望。图6-75所示为醒目陈列的商品。

把活动商品摆放在醒目的位置，把款式新颖的商品摆放在最能吸引消费者视线的位置，都可以起到促进消费者下单购买的作用。

2. 关联搭配陈列

关联搭配陈列是指将不同但有关联性的商品陈列在一起，如衬衫和领带。其运用商品之间的互补性，使消费者在购买某商品后，顺便购买旁边的商品，增加消费者购买相关商品的概率。图 6-76 所示为关联搭配陈列的商品。

图6-75　醒目陈列的商品　　　　　图6-76　关联搭配陈列的商品

3. 主推陈列

每家网店都会有几件主推商品，就像商店里的橱窗陈列一样，显眼的位置总会在第一时间被消费者注意到。主推的位置也要经过尝试和调整，有些消费者习惯在网店的首页寻找热销商品，而有些消费者习惯在详情页慢慢浏览商品信息。一般来说，主推的位置最好比较集中，主推商品的包装越显著越好，最好显示一些数据信息，如消费者评价、收藏量等。可以选择销量较大的网店主推商品作为陈列重点，如图 6-77 所示。

4. 裸露陈列

好的商品摆放应能够为消费者观察及选购商品提供便利。如果商品摆放仅呈现商品包装，是不足以让消费者了解商品的。因此电商视觉设计人员可以采用裸露陈列的形式，使消费者能够看到商品本身及内部细节，以打消消费者的顾虑，坚定消费者购买的信心。图 6-78 所示为裸露陈列的食品。

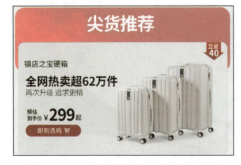

图6-77　选择销量较大的网店主推　　　图6-78　裸露陈列的食品
　　　　商品作为陈列重点

6.5.3　设计商品展示区

制作商品展示区时，为了吸引消费者的注意，通常需要结合商品图片、商品名称、商品价格等信息对推荐的商品进行展示。下面制作商品展示区，如图 6-79 所示，具体操作步骤如下。

图6-79　商品展示区

（1）打开 6.4.3 小节制作的文件，选择工具箱中的矩形工具，将"填充"的颜色设置为深红色（#63192d），按住鼠标左键在舞台中绘制矩形，如图 6-80 所示。

（2）选择"文件"|"置入嵌入对象"命令，弹出"置入嵌入的对象"对话框。在该对话框中选择"hua"图片文件，如图 6-81 所示。

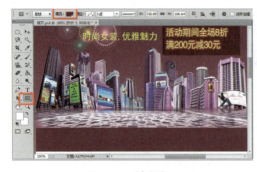

图6-80　绘制矩形

图6-81　选择图片文件

（3）单击"置入"按钮，将其置入舞台中，然后将其拖曳到矩形的左上方，如图6-82所示。

（4）选择工具箱中的横排文字工具，在矩形上输入文字"最近热销单品"，设置字号为24点，字体为"黑体"，如图6-83所示。

图6-82 拖曳图像到矩形的左上方

图6-83 输入并设置文字

（5）选择"文件"|"置入嵌入对象"命令，弹出"置入嵌入的对象"对话框，选择"花边"图片文件，单击"置入"按钮，将其置入舞台中，移动其位置，如图6-84所示。

（6）选择"窗口"|"图层"命令，在"图层"面板中将"不透明度"设置为30%，如图6-85所示。

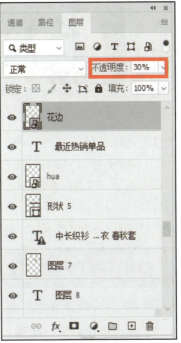

图6-84 移动置入的花边

图6-85 设置"不透明度"

（7）选择"文件"|"置入嵌入对象"命令,弹出"置入嵌入的对象"对话框。在该对话框中选择"顶"图片文件，单击"置入"按钮，将其置入舞台中，然后将其拖曳到相应的位置，如图 6-86 所示。

（8）选择工具箱中的矩形工具，按住鼠标左键在舞台中绘制矩形，如图 6-87 所示。

图6-86　拖曳置入的图像

图6-87　绘制矩形

（9）选择制作好的商品图片，将其置入舞台中，并调整到合适的位置，如图 6-88 所示。

（10）选择工具箱中的横排文字工具，在舞台中输入商品名称和价格信息，将字号设置为 18 点，字体设置为"黑体"，如图 6-89 所示。

图6-88　置入并调整制作好的商品图片

图6-89　输入并设置文字

（11）选择工具箱中的矩形工具，在舞台中绘制一个矩形，并在矩形上面输入文字"柔棉 T 恤"，如图 6-90 所示。

（12）选择"文件"|"置入"命令，弹出"置入"对话框。在该对话框中电商视觉设计人员选择"顶"图片文件，单击"置入"按钮，将其置入舞台中，并将其拖曳到刚绘制的矩形的下方，如图 6-91 所示。

图6-90　绘制矩形并输入文字

图6-91　拖曳置入的图像

（13）选择制作好的商品图片，将其置入舞台中，并调整到合适的位置，如图 6-92 所示。

（14）选择工具箱中的横排文字工具，在舞台中输入各个商品的名称，将字号设置为 13 点，字体设置为"黑体"，输入并设置文字的效果如图 6-93 所示。

图6-92　置入并调整制作好的商品图片　　　图6-93　输入并设置文字的效果

（15）用同样的方法在左侧空白位置添加一些辅助栏目，如图 6-94 所示，这样便于消费者快速找到相应的栏目。

图6-94　添加辅助栏目

（16）在网页底部的导航信息中，电商视觉设计人员先绘制一个矩形作为背景，接着输入相应的导航文字，如图 6-95 所示。

图6-95　添加导航信息

6.6　应用实例——切割网店首页

网店首页设计完成后，还需要对其进行切割，使其可以方便地应用于网页中。切割并保存网店首页的具体操作步骤如下。

（1）启动 Photoshop，选择"文件"|"打开"命令，打开制作好的网店首页文件，选择工具箱中的切片工具，如图 6-96 所示。

图6-96　打开网店首页文件

（2）按住鼠标左键在舞台中拖曳，绘制切割区域，如图 6-97 所示。

（3）在合适的位置双击鼠标左键即可切割图像，电商视觉设计人员使用同样的方法切割其他部分，如图 6-98 所示。

（4）选择"文件"|"存储为 Web 和设备所用格式"命令，弹出"存储为 Web 和设备所用格式"对话框，电商视觉设计人员在该对话框中将"优化的文件格式"设置为"JPEG"，如图 6-99 所示。

图6-97　绘制切割区域

图6-98　切割其他部分

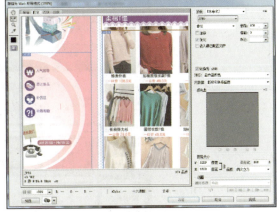

图6-99　"存储为Web和设备所用格式"对话框

（5）单击"存储"按钮，弹出"将优化结果存储为"对话框，选择要保存图片的位置，在"格式"下拉列表框中选择"HTML 和图像"选项，如图 6-100 所示。

（6）单击"保存"按钮，即可将图片保存为网页格式，如图 6-101 所示。

图6-100 "将优化结果存储为"对话框

图6-101 将图片保存为网页格式

课后练习题 ↓

　　下面使用提供的素材文件制作网店首页。在设计网店首页时，电商视觉设计人员要采用统一的风格和结构来把各个元素组织在一起。使用的颜色、字体、图形及页面布局应能传达给消费者一个形象化的主题，并引导他们关注网店的内容。为了醒目，电商视觉设计人员可以把商品导航放在明显的地方，或用特殊样式的导航按钮标注出商品分类。首页中的图片应既能体现商品品质，又能营造网店形象。最终制作的首页效果如图6-102所示。

图6-102 最终制作的首页效果

商品详情页视觉设计

商品详情页除了能告知消费者该商品的基本情况外，还能展示细节，打消消费者的顾虑，促使其下单购买。可以说，商品详情页直接影响着商品的转化率。一个好的商品详情页，不仅可以提高商品转化率，还可以降低营销成本。通过对本章的学习，读者可以掌握商品详情页视觉设计基础、设计商品主图、设计商品细节展示区、设计商品功效说明区等知识。

7.1　商品详情页设计基础

商品详情页作为网店的一部分，已经越来越受到商家的重视。一个设计精美的商品详情页能激起消费者的消费欲望，促使其下单购买。

商品详情页设计基础

7.1.1　商品详情页的作用

商品详情页不仅是介绍商品的页面，而且还是网店重要的流量入口。无论是对提高商品转化率，还是提高整个网店的浏览量来说，商品详情页都能起到很大的推动作用。图 7-1 所示是设计美观的商品详情页。

图7-1　设计美观的商品详情页

课堂讨论

商品详情页的作用有哪些？

商品详情页主要有以下作用。

1. 介绍商品信息

商品详情页不仅要清晰地介绍商品信息，还要介绍商品的卖点，通过对商品进行包装，达到提高消费者的购物欲望的目的。

2. 提高转化率

影响转化率的因素非常多，商品详情页是其中非常重要的一点，商品详情页中呈现的内容是否能打动消费者、是否能满足消费者的需求，这些都会影响转化率，而转化率也是考核商品详情页的重要依据。

3. 延长消费者的页面停留时间

商品详情页不是商品的说明书，它需要通过足够吸引人的内容、符合消费者心理期望的信息来描述商品。丰富的内容、详细的信息、生动的呈现方式等可以让消费者享受阅读和购物的乐趣，从而延长其页面停留时间。

4. 提高客单价

通过商品详情页的内容呈现和关联销售可以挖掘消费者的潜在需求，一旦消费者的潜在需求被挖掘出来，再通过文案的营销，就很容易让消费者产生关联购买行为，从而提高客单价。

5. 降低跳失率

转化率提高以后，整个网店的跳失率自然就会下降，所以一个能够促成高转化率的商品详情页就显得尤为重要。

7.1.2　商品详情页的设计思路

根据运营情况，网店商品可以分为新品、促销商品、热卖单品等，下面介绍这3种商品详情页的设计思路。

1. 新品详情页的设计思路

新品详情页的设计思路有以下几点。

（1）突出差异化卖点。在激烈的竞争环境中，想要让商品脱颖而出，必须突出商品的差异化卖点。所谓差异化卖点，指的是商品的某一方面做到了极致，是竞争对手无法比拟的。图7-2所示为突出差异化卖点，该图所示的新品详情页在设计时就突出了"双面独立悬浮烤盘"这一差异化卖点。

图7-2　突出差异化卖点

（2）强调品牌、品质。由于对新品不了解，消费者可能会对详情页里的内容有所怀疑。此时商家就需要强调商品的品质，通过品牌来加强消费者对商品的信任感，强调品牌、品质如图7-3所示。

图7-3　强调品牌、品质

（3）运用各类营销方式。新发布的商品前期销量低，商家需要通过各种各样的营销方式为商品积累一定的基础销量，这也是设计新品详情页需要优先思考的内容。图7-4所示为新品打折促销信息。

2. 促销商品详情页的设计思路

对于促销商品，其详情页的设计需要考虑以下几个因素。

（1）突出活动力度。商家通过大力度的促销活动吸引消费者对商品产生兴趣和关注。图 7-5 所示为促销活动送各种大礼包，突出了促销活动的力度。

（2）强调性价比。光靠促销活动还不足以让消费者购买，当消费者对促销活动和商品产生兴趣后，再强调商品的性价比及品质保障，给消费者塑造物超所值的感觉，才能有效地提高商品转化率。图 7-6 所示为强调性价比的详情页设计。

图7-4 新品打折促销信息

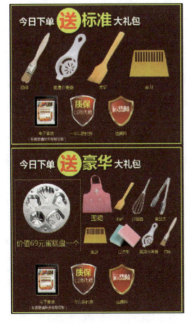

图7-5 促销活动送各种大礼包

图7-6 强调性价比的详情页设计

3. 热卖单品详情页的设计思路

热卖单品指的是网店里销量比较高的商品，对于这类商品详情页设计，需要突出商品的热销盛况并强调商品的优势。

（1）突出商品的热销盛况。商家利用消费者的从众心理去提高商品的转化率是常用的营销方式之一。突出商品的热销盛况，暗示消费者其商品被大众认可，可以降低消费者的购买顾虑。图7-7所示为突出热销盛况。

（2）强调商品的优势。商家利用商品的优势来佐证大众选择的正确性，因为通常只有优质的商品才可以促使消费者下决心购买。图7-8所示为强调商品的优势。

图7-7　突出热销盛况

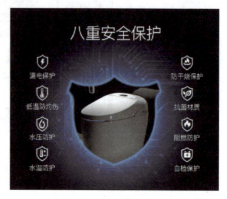

图7-8　强调商品的优势

7.1.3　商品详情页的模块设置

商品详情页是商品信息的主要展示页面，在商品详情页中，商家可以通过文字、图片、视频等形式来展示商品信息，以树立网店形象、激发消费者的购买欲望、提高转化率。下面介绍商品详情页的组成模块。

 课堂讨论

商品详情页一般由哪些模块组成？

1. 商品价值展示模块

一种激发消费者购买兴趣的简单方法就是塑造商品的实用价值，即让消费者看到商品能够带给他们的利益或好处。这个利益或好处应该是消费者最关心、最需要的，即消费者的痛点。消费者购买商品的目的是获得商品的价值，而不是商品本身。如果商品本身没有任何价值，消费者是不会购买的。电商视觉设计人员需要直接把商品的价值以醒目的形式（如焦点图、海报图、视频等）展示在商品详情页的最上方。图7-9所示为商品价值展示模块，这是一款翡翠饰品的海报，它主要展现了可以"私人定制"手镯、戒指、项链、平安扣、耳环等信息，以吸引消费者继续浏览商品详情页。

2. 商品卖点展示模块

商家要展示商品卖点，可以先通过主打广告语，再通过商品详情页来进行展示。一个完整的商品包括核心商品、形式商品、延伸商品3个层次：核心商品即商品的使用价值；形式商品是指商品的外在表现，如外观、重量、手感、包装等；延伸商品是指商品的附加价值，如服务、承诺、荣誉等可以提升商品内涵的元素。商家将这些信息全部收集起来，通过提炼，找到与消费者需求相匹配的"人无我有、

图7-9　商品价值展示模块

人有我优"的卖点，并加以放大。很多商品的细节与卖点是需要挖掘的，每个卖点都是提高转化率的砝码，商品详情页中能够吸引消费者的卖点越多，就越容易促使消费者下单购买。图7-10所示为商品卖点展示模块。

3. 商品基本属性描述模块

商品的基本属性包括品牌、包装、规格、型号、质量、尺寸、产地等。商品详情页的文案应以"攻心"为主，让消费者在看完商品详情页文案后，对其中的图片和文字产生共鸣。优质的商品可以提高消费者的购买欲望和访问深度，最终提高商品转化率。在展示商品的基本属性时，商家最好不要直接使用烦琐的文字和数据，而应使用简单、直白的图片搭配文字进行展示，让消费者能够一目了然。在展示功能、细节、性价比等信息时，通常使用图片搭配简单文案，以图片为主、文案为辅，注重商品详情页的整体视觉效果。

图7-10　商品卖点展示模块

4. 售后服务模块

除了商品的详细情况以外，消费者一般还会关心商品的售后服务，如什么情况下可以退货，什么情况下可以换货，退换货产生的邮费由谁承担等。这些售后服务说明对商品的成功销售起着积极的推动作用。因此，商品详情页要对售后服务、消费者保障等消费者普遍关心的内容进行展示。图 7-11 所示为退换货流程。

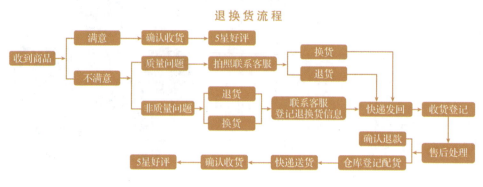

图7-11　退换货流程

5. 关联商品推荐模块

商品详情页中还可以添加关联商品推荐模块，如本店热销商品、特价商品等。这样即使消费者对当前浏览的商品不满意，在看到商家推荐的其他商品后，也可能产生购买欲望。另外，消费者即使已经决定购买正在浏览的商品，在浏览到其他关联商品时，也可能会产生购买的打算。所以，商家应加大商品的宣传力度，让消费者更多地接触网店中的商品。图 7-12 所示为在商品详情页添加其他关联商品推荐模块。

图7-12　在商品详情页添加其他关联商品推荐模块

6. 商品资质证书模块

商家在商品详情页中添加商品资质证书模块，可以让消费者觉得商品的质量有保证。商品资质证书、品牌实力、防伪查询等都是打消消费者顾虑的有效方式。如果是功能性的商品，需要展示能够证明其技术实力的资料。如果所售的商品在电视、报纸等新闻媒体上曾有报道，那么将这些资料展示给消费者也是一种很好的方法。

例如，销售珠宝首饰、数码电子商品的商品详情页可以提供商品的品质证明文件和防伪查询方式。这样就为消费者提供了多种证明商品质量的方式，既从商家的角度证明了商品的品质，又让消费者可以自己查证购买的商品的真伪，打消了消费者对商品品质的疑虑。

7. 搭配商品模块

很多消费者上网购物时都会遇到这样的情况：购买了一件商品后，还想买一件与其搭配的商品，如买了一台笔记本电脑还想搭配一个笔记本电脑背包，买了一件上衣还想买一条搭配的裤子。消费者去逐一搜索，既浪费时间，也不能省钱。商家可以在商品详情页中添加搭配商品模块，这样能帮助消费者一次性解决问题，达到省事、省时、省钱的目的。

搭配商品模块会把相关的商品搭配组合成套餐进行销售，如护肤品组合、服装搭配套餐、数码套餐等。消费者在购物时，可以灵活选择套餐中的任意几种商品购买，套餐的总价低于原商品价格的总和。图7-13所示为搭配商品模块。

图7-13　搭配商品模块

8. 细节图模块

要想提高商品的成交率，除了要从商品自身的独特性、商品本身的性价比上想办法外，细节图也起着很关键的作用。为了提高商品的成交率，商品的细节图一定不能少。例如，服装类商品需要拍摄的细节有吊牌、拉链、线缝、内标、品牌标志、领口、袖口、衣边等。细节图越多，消费者看得越清楚，对商品产生好感及购买的可能性也就越大。图7-14所示为细节图模块，这里使用多幅细节图详细地展示了商品的不同部位。

9. 消费者评价模块

在淘宝平台上，交易成功后，买卖双方均有权对对方做出信用评价。良好的信用评价是商品成交的重要决定因素。消费者的良好评价可以推动正在犹豫是否购买商品的消费者下单购买。毕竟，商家提供的商品信息宣传性太强，而真实的消费者留下的评论更加可信。图7-15所示为消费者评价模块。在获取消费者对商品的信任方面，其他信息很难比得上消费者使用后的正向评论。

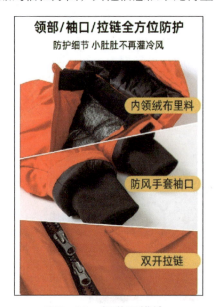

图7-14 细节图模块

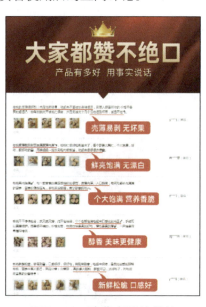

图7-15 消费者评价模块

7.2 设计商品主图

商品主图的设计对于商家来说是非常重要的，商品主图的好坏决定了商品点击率的高低，点击率的高低也影响着这个商品能否成为热销款。商品主图可以直接将商品信息、活

设计商品主图

动和利益点更好、更快地传达给消费者。

课堂讨论

设计商品主图时，有哪些需要注意的规范？

7.2.1 商品主图的设计规范

商品主图非常重要，那么商品主图展现在哪里呢？例如，消费者要购买沙发，就会在淘宝搜索框中输入关键词"沙发"，单击"搜索"按钮，搜索结果页面如图7-16所示。在搜索结果页面中，用红框标出来的图片就是展现在消费者眼前的商品主图。

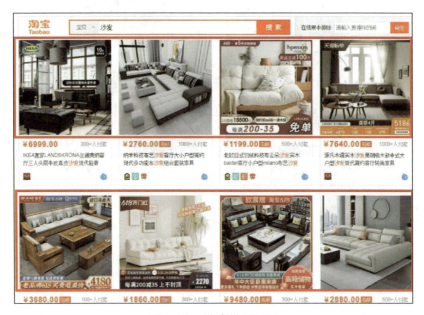

图7-16 搜索结果页面

商品主图最多可以有5张，最少要有1张，第一张商品主图一般会在商品搜索页面中显示。在制作商品主图时，5张商品主图建议从不同的角度展示商品，如服装类商品的主图建议从正面、侧面、背面、细节、包装等角度分别进行展示。

1. 商品主图尺寸符合要求

淘宝商品主图的标准尺寸是800像素×800像素，对于700像素×700像素以上的图片，商品详情页会为其提供图片放大功能。消费者在将鼠标指针移至商品主图上时，可以查看该商品主图的细节。图7-17所示为查看商品主图的细节，该图展示了使用图片放大功能查看商品主图的细节。

由于大量电商平台的商品主图尺寸都是 800 像素 ×800 像素，为了使商品主图适配大多数电商平台，因此一般将商品主图的尺寸统一设置为 800 像素 ×800像素。

🎓 **专家指导**

不同电商平台对商品主图的规定不同，商家要认真遵循平台要求，对拍摄所得的商品照片进行处理。只有在图片足够大的情况下，对商品主图的优化才有意义。

图7-17　查看商品主图的细节

2. 图片美观

设计商品主图时还要注意图片的美观。很多商家由于不懂美工设计，在设计商品主图时过于随意，这对于网店的发展是非常不利的。

3. 图片清晰

想让图片吸引人，能激发消费者的购买欲望，就要保证图片足够清晰。清晰的商品主图不仅能体现商品的细节和各种相关的信息，还能极大地增强商品的视觉冲击力。模糊、错乱的图片不仅影响消费者的视觉体验，还影响商品的价值体现，导致消费者对商品失去信心。图 7-18 所示为清晰的商品主图。

4. 卖点突出

点击率高的商品主图，其商品卖点一般都很突出。想做好商品主图，就需要对商品有着充分的了解，然后根据商品的具体功能进行挖掘，分析目标人群，挖掘核心卖点。商家在添加卖点文案的时候，一定要选择最重要的功能添加，不要把所有的功能都添加在图片上，否则会造成图片混乱、缺乏美感，甚至本末倒置。图 7-19 所示为卖点突出的商品图片。

图7-18　清晰的商品主图

图7-19　卖点突出的商品图片

5. 选择合适的背景

选择图片的背景时，需要针对不同的商品进行具体分析。纯色背景能给人清新的感觉，在更好地突出主体商品的同时，也便于添加文字说明等其他信息。合理的布局可以提升商品形象和品质，更容易吸引消费者的注意。

7.2.2　商品主图的设计形式

对商品主图的基本要求是能够展示商品的全貌，图片清晰，并且不能有杂乱的背景。商品主图的设计形式主要有展示商品全貌、场景化设计、拼接式设计、突出品牌这 4 种。

1. 展示商品全貌

展示商品全貌是商品主图常用的设计形式，展示商品全貌的商品主图如图7-20 所示。这种设计形式的优点是画面干净、直接，可以让消费者快速了解商品的外观，以便消费者对商品进行鉴别、挑选，从而引起消费者的购买兴趣。

2. 场景化设计

商品主图另一种常规的设计形式是根据商品的特点和用途搭建生活化、场景化的环境，利用场景展示的商品主图如图 7-21 所示。这种设计形式的优点是可以让消费者直观地感受商品的实际使用效果，使其产生心理上的映射，并且间接地向消费者传达商品的适用人群和档次。

图7-20　展示商品全貌的商品主图　　　图7-21　利用场景展示的商品主图

3. 拼接式设计

拼接式设计就是将多张商品图片合成一张商品主图，如图 7-22 所示。这种设计形式的优点是信息丰富，不仅可以同时显示商品的外观和实际效果，还可以让消费者对商品的属性一目了然；缺点是众多的商品图片放在一起，不能突显商品特征。

4. 突出品牌

品牌商品都会在商品主图的一角放置品牌的标志，这种方式可以有效地让消费者识别品牌，唤醒老客户的记忆，吸引新客户的关注，突出品牌的商品主图如图 7-23 所示。

图7-22　拼接式设计的商品主图　　　图7-23　突出品牌的商品主图

7.2.3　添加文案，提高商品主图点击率

有时，为了吸引消费者点击，在商品主图中适当添加一些文案会起到画龙点睛的作用，如添加商品卖点、功能、促销等文案信息。应注意的是，必须是在保证整体风格明确、不影响图片美观的前提下添加文案。好的文案可以给消费者更加强烈的心理冲击，这也是增强商品详情页吸引力、刺激消费者产生购买欲望的一种方式。

 专家指导

如果商品主图中不添加文案，图片就会显得比较空，而如果商品主图中添加了过多的文案，图片又会显得过满，造成"牛皮癣"的情况。这两种情况都是商家需要避免的。商品主图制作完成之后并不是直接投入使用，还要进行数据测试，测试数据比较理想之后才可以进行上线使用。

添加文案，提高商品主图点击率的方法有如下几种。

1. 商品突出

商品主图的作用在于展示商品，需要清晰地将商品展示出来。商品主图要体现出商品的关键信息，让消费者能清晰地知道商品的具体样子。图 7-24 所示为商品突出的主图。

2. 添加品牌信息

在商品主图中添加品牌信息也是吸引消费者的有效手段之一。对于已经拥有良好形象与口碑的品牌而言，在商品主图中添加品牌标志会使浏览到该商品的消费者产生信赖感，从而提高商品主图点击率。图 7-25 所示为添加品牌信息的商品主图。

图7-24　商品突出的主图

图7-25　添加品牌信息的商品主图

3. 文案精练，言简意赅

商品主图中的文案一定要精练，言简意赅，要尽量避免在商品主图中堆积卖点文案，同时文案文字不要过小，否则会影响移动端的浏览效果。图 7-26 所示为商品主图文案言简意赅。

图7-26　商品主图文案言简意赅

4. 设置促销文案

当消费者已经对商品产生了兴趣，但还在犹豫不决的时候，电商视觉设计人员就需要通过商品主图文案给消费者一个推动力，让消费者尽快下单购买。电商视觉设计人员可以在商品主图中设置"免费赠送""满就减""满就送""打折促销"等文字，这些文字容易吸引消费者的注意力，保使其下单购买。图 7-27 所示为在商品主图中设置促销文案。

5. 抓紧目标消费者的痛点

电商视觉设计人员可以设身处地地从消费者的角度来寻找痛点，思考消费者必须购买这款商品的理由，以消费者的痛点塑造网店商品的卖点，加深消费者的认同感并提高他们的购买欲望。图 7-28 所示为抓紧目标客户的痛点，以消费者的痛点带出网店商品的卖点，从而加深了消费者的认同感，刺激了他们的购买欲望。

图7-27　在商品主图中设置促销文案

图7-28　抓紧目标客户的痛点

7.2.4　在线设计商品主图

在移动电商时代，商品主图的地位愈发重要，高质量的商品主图会带来更高的点击率和更多的成交量，从而提升商品的排名，并获得更多的流量。如何快速设计制作一款高品质的商品主图呢？其实只要找一个实用的在线制作工具就能轻松实现商品主图的设计制作，如创客贴、美图王等，下面以美图王为例介绍在线设计商品主图的具体操作步骤。

（1）进入美图王在线设计网站，单击"主图工具"按钮，如图7-29所示。

图7-29　单击"主图工具"按钮

（2）在打开的页面中显示了很多商品主图模板，涵盖"服装""美妆洗护""母婴""鞋靴箱包""家电""数码""工艺品""机械五金""百货""食品家具""饰品"等类目，主图模板如图7-30所示。

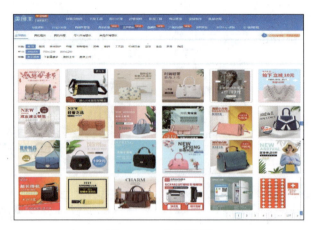

图7-30　主图模板

（3）选择一套模板，单击商品图片，在右侧弹出"图片编辑"窗口，单击"替换"按钮，如图7-31所示。

图7-31　单击"替换"按钮

（4）在弹出的"上传图片"窗口中选择要上传的商品图片，如图7-32所示。

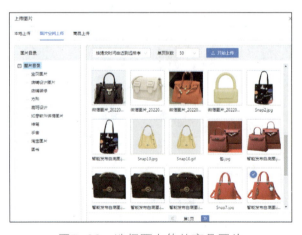

图7-32　选择要上传的商品图片

（5）上传成功后即可替换商品图片。这里需要上传透明图片，如果图片不是透明的，电商视觉设计人员可以单击"智能抠图"按钮抠取透明图片，如图7-33所示。

图7-33　单击"智能抠图"按钮

（6）进行智能抠图后，商品图片变成透明的，电商视觉设计人员还可以对图片进行剪切、缩放、旋转等操作，以便用合适的尺寸展示图片，还可以对图片进行调色和调整不透明度等操作，抠图并调整图片如图7-34所示。

图7-34　抠图并调整图片

（7）单击模板上的文字，可以对文案进行修改，如图7-35所示。建议不要添加太多文案，突出卖点即可，最后保存文件，这样一张商品主图就制作好了。

图7-35　修改文案

7.3　设计商品细节展示区

很多新手商家都不注重商品细节展示区的设计，甚至在商品详情页中不放置商品细节图，这样是很难获得消费者的信任的。商家要想提高商品的成交率，除了商品自身的独特性、商品本身的性价比外，商品细节展示区也起到非常关键的作用。

7.3.1　商品细节展示区的表现形式

与其他区域的设计要求类似，商品细节展示区的尺寸也要遵循电商平台的设计规范来进行规划。商品细节展示区常见的表现形式有两种：一种是指示型，另一种是局部图解型。

1. 指示型

指示型就是先将商品完整地展示出来，再把需要突出展示的局部细节进行放大展示，并利用线条、箭头等设计元素将细节与商品连接起来，还可以用简单的说明性语言来对细节进行解说，指示型表现形式如图7-36所示。

图7-36　指示型表现形式

这种表现形式非常适合展示体积较小、部件较多的商品或家具、家电等外形较大的商品，能清楚地告诉消费者展示的细节位于商品的哪个位置、具有什么特点等。

2. 局部图解型

局部图解型就是将商品的局部细节放大，不需要对细节位置进行指示。使用局部图解型表现形式时，可以增加说明性文字内容，这种形式适合展示外观简单、部件较少的商品及日常用品。例如，服装类商品需要展示出来的细节部分有吊牌、拉链、线缝、内标、标志、领口、袖口及衣边等，展示的细节部分越多，消费者看得越清楚，对商品产生好感及促使其下单购买，购买的可能性也就越大。

图7-37所示为某款女装的商品细节展示图，这里采用了局部图解型表现形式，可以看到电商视觉设计人员将女装的局部放大，并通过文字对该部分细节进行说明。

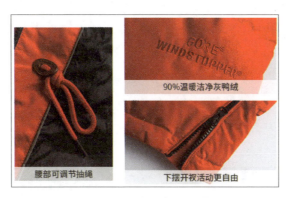

图7-37　某款女装的商品细节展示图

7.3.2　在线设计商品细节展示图

下面以美图王为例介绍在线设计商品细节展示图的方法，具体操作步骤如下。

（1）进入美图王在线设计网站，选择"主图工具"下的"产品描述图"选项，在打开的页面中单击"细节图制作"选项卡，从右侧选择一个细节图模板，如图7-38所示。

图7-38　选择细节图模板

（2）单击"添加多张图片"按钮，弹出"上传图片"对话框，单击"上传图片"按钮，如图 7-39 所示。

（3）弹出"打开"对话框，从中选择要添加的细节图片，如图 7-40 所示。

图7-39 单击"上传图片"按钮

图7-40 选择要添加的细节图片

（4）单击"打开"按钮，添加图片成功，在右侧调整图片的显示位置，如图 7-41 所示。

图7-41 添加图片并调整图片的显示位置

（5）删除底部的文案信息，如图 7-42 所示。

图7-42 删除底部的文案信息

（6）使用同样的方法，添加另外一张图片并调整显示位置，如图 7-43 所示。

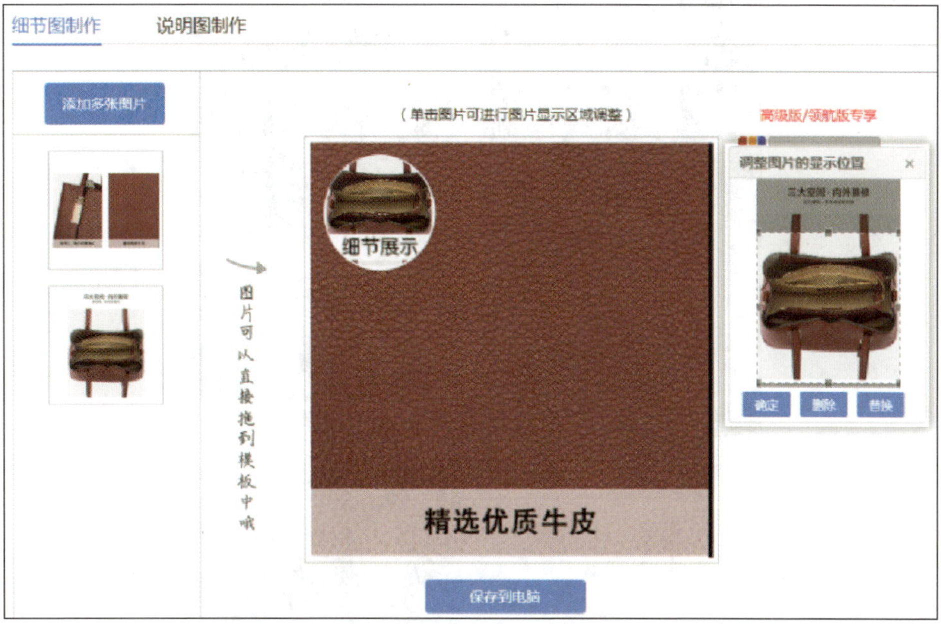

图7-43　添加另外一张图片并调整显示位置

7.4　设计商品功效说明区

商品功效说明区用于对商品的功能或作用进行详细的分析和解说。如果将商品功效说明区设计得有特色，可以进一步提升消费者对商品的好感，促成其下单购买。

7.4.1　商品功效说明区的设计规范

商品功效说明区是商品详情页的一部分，其宽度受到商品详情页宽度的限制，高度上则不受限制。

商品功效说明区主要介绍商品的功能与作用等信息，如果使用平铺直叙的语言，那么大量的文字势必会让消费者失去阅读的兴趣，从而导致转化率下降。因此，商品功效说明区的设计重点就是对商品的功效进行总结与归纳，通过文字、色彩和修饰元素的搭配来提升文字的可读性。

图 7-44 所示为某款商品的功效说明区，通过对文字进行总结性归纳，将文字与修饰元素结合到一起，并进行合理布局和版式规划，增强了文字的可读性。

图7-44 某款商品的功效说明区

7.4.2 商品卖点的展现角度

 课堂讨论

> 商家可以从哪些方面展现商品的卖点？

商品卖点是商家传递给消费者的商品信息中最重要的部分，它可以向消费者传递某种主张或某种承诺，告诉消费者购买该商品后会得到什么好处，并且这种好处是消费者能够接受和认可的。商品卖点常见的展现角度如下。

1. 卓越的商品品质

商品品质的好坏是消费者决定是否选购商品的主要因素

商品卖点的展现
角度

之一。商家只有保证商品品质，才能让消费者对商品更有信心。

2. 高性价比

性价比是指商品的性能价格比。商品的性价比越高，消费者越趋向于购买，因为这代表消费者能花费较少的钱来购买较好的商品。图 7-45 所示为强调商品具有超高性价比。

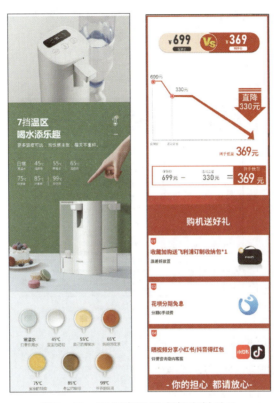

图7-45　强调商品具有超高性价比

3. 显著的商品功能

不同的商品具有不同的功能，当消费者购买商品时，实际上是购买商品所具有的功能。如果商品的功能与消费者的需求相符，且超出了消费者的预期，就会给他们留下良好的印象，从而得到他们的认可。

4. 独家卖点

独家卖点是指某个商品特有的、其他同类商品不具有的卖点。独家卖点是消费者对商品的识别点，在消费者心目中这个独家卖点就代表这个商品的价值。一般来说，核心卖点往往会被打造成独家卖点。如果某商品拥有独家卖点，那么它的竞争力就是独一无二的。独家卖点主要有以下两种类型。

（1）独家软实力。软实力通常是指企业的品牌价值、品牌故事、团队、某种独家工艺、某种独家配方、某种专利技术等，这些通常难以被同行复制和模仿。从企业的软实力中寻找的卖点具有唯一性，往往很容易被打造为独家卖点。

（2）独家垄断认知。独家垄断认知卖点即无法复制、有一定行业门槛和壁垒的卖点。

一旦找到独家垄断认知卖点，该品牌就具有其他品牌无法比拟的核心竞争力。例如，鲁花以"5S压榨"申请各类商标，有了商标保护，这一卖点就成为它的独家卖点，图7-46所示为鲁花以"5S压榨"为独家卖点。"5S压榨"成为鲁花的独家垄断认知卖点，帮助其建立了竞争壁垒。

图7-46 鲁花以"5S压榨"为独家卖点

5. 完善的售后服务

售后服务是指商品出售以后商家所提供的各种服务活动。售后服务完善的商品更能吸引消费者下单购买。

电商视觉设计人员可以通过商品详情页文案将售后信息公布出来，这样做可以传达给消费者一种信息——商家有健全的售后制度，从而让消费者产生信任感。

7.4.3　在线设计商品功效说明区

下面以美图王为例介绍在线设计商品功效说明区的方法，具体步骤如下。

（1）进入美图王在线设计网站，选择"主图工具"下的"产品描述图"选项，在打开的页面中单击"说明图制作"选项卡，从左侧选择一个说明图模板，如图7-47所示。

（2）设置背景颜色为#FF9933，单击"上传图片"按钮，图7-48所示为设置背景颜色。

图7-47　选择一个说明图模板　　　　　图7-48　设置背景颜色

（3）在弹出的"上传图片"窗口中选择要上传的商品图片，单击"开始上传"按钮，如图7-49所示。

图7-49　上传商品图片

（4）商品图片上传成功的效果如图7-50所示。

（5）在右侧文字编辑框内修改文字信息，如图7-51所示。

（6）修改其他文字信息，修改完成后最终的商品说明图如图7-52所示。

图7-50　商品图片上传成功的效果

图7-51　修改文字信息

图7-52　修改完成后最终的
商品说明图

7.5　应用实例——设计包包商品详情页

下面使用美图王设计包包商品详情页，具体操作步骤如下。

（1）进入美图王在线设计网站，单击"详情页制作"按钮，如图7-53所示。

图7-53　单击"详情页制作"按钮

（2）在打开的页面中显示了各种详情页模板，涵盖主流行业类目，各种详情页模板如图7-54所示。

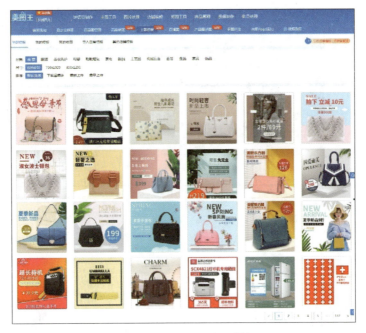

图7-54 各种详情页模板

（3）选择一套详情页模板，进入详情页模板编辑页面，如图 7-55 所示。

图7-55 进入详情页模板编辑页面

（4）单击商品主图图片，在右侧弹出"图片编辑"窗口，单击"替换"按钮，如图 7-56 所示。

（5）弹出"上传图片"对话框，单击"上传图片"按钮，如图 7-57 所示。

（6）弹出"打开"对话框，从中选择要添加的商品图片，单击"打开"按钮，如图 7-58 所示。

图7-56　单击"替换"按钮

图7-57　单击"上传图片"按钮

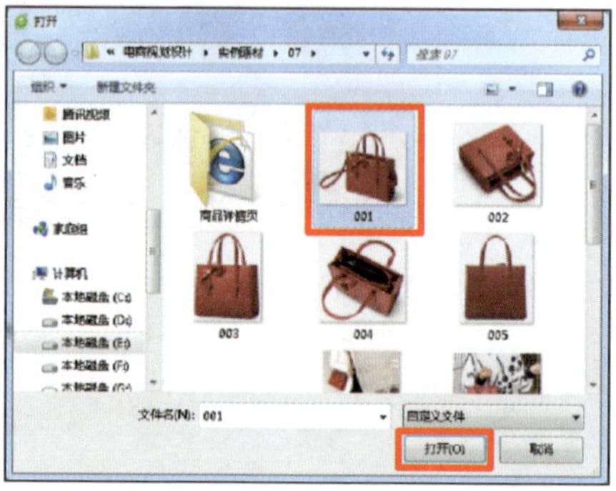

图7-58　添加商品图片

（7）此时即可替换商品主图图片，如果图片不是透明的，可以单击"智能抠图"按钮抠取透明图片，如图7-59所示。

图7-59　单击"智能抠图"按钮

（8）抠图既可得到透明的商品图片，又可以对图片进行剪切、缩放、旋转等操作，以便得到合适的尺寸，还可以调整图片的不透明度，抠图后的效果如图7-60所示。

图7-60　抠图后的效果

（9）在"文字编辑框"中修改商品名称，并设置字体、字号和颜色，如图7-61所示。

图7-61　修改商品名称并设置文字效果

（10）使用同样的方法，添加商品详情页的其他图片和文字，商品详情页最终效果如图7-62所示。

图7-62　商品详情页最终效果

课后练习题 ↓

下面为一个家居网店制作商品详情页，通过实践练习制作商品详情页。

（1）进入美图王在线设计网站，选择详情页制作，从"家居用品"分类中选择一个适合的模板，如图7-63所示。

图7-63　选择一个适合的模块

（2）在详情页模板编辑区设置各个板块的文字和图片信息，商品详情页最终效果如图7-64所示。

图7-64　商品详情页最终效果

第**8**章

移动端淘宝网店装修实战

随着移动网络的发展，越来越多的人喜欢在移动端上网购物，在移动端上网购物已经成为一种趋势，针对移动端的网店装修已成为网店商家必不可少的工作。通过对本章的学习，读者可以掌握移动端网店装修基础、设计移动端网店首页、鹿班一键全店智能装修应用实例布局模块管理等知识。

8.1 移动端网店装修基础

移动端网店装修基础

随着时代的发展，如今基本每个人都有一部智能手机，手机携带方便，所以人们越来越喜欢在移动端上网购物。如今，移动端的流量已经远超 PC 端，所以每一位商家都应该重视移动端网店的装修。

8.1.1 移动端网店首页与PC端网店首页的不同

移动端网店首页与 PC 端网店首页有很大区别，具体体现在尺寸、布局、详情、分类、颜色、浏览习惯等方面。下面就对移动端网店首页与 PC 端网店首页的页面进行对比。

 课堂讨论

移动端网店首页与PC端网店首页的不同之处体现在哪些方面？为什么要进行移动端网店装修？

1. 尺寸对比

移动端网店首页显示的页面宽度一般为 750 像素，而 PC 端网店首页显示的页面宽度一般为 1920 像素。若将 PC 端网店首页的图片放到移动端网店首页，则会因尺寸不适合而导致图片显示不全、界面混乱、浏览效果不佳。图 8-1 所示为移动端网店首页，图 8-2 所示为 PC 端网店首页。

2. 布局对比

移动端网店首页页面更注重消费者的浏览体验，省略了边角的活动模块，将 PC 端网店首页的三栏图片精简为两栏，并将海报中的文案、价格等信息使用大字号、鲜明的颜色突出显示，使其更适合移动端网店首页阅读。

3. 详情对比

PC 端网店首页页面会使用较多文字说明商品的卖点、促销信息、优惠信息等，而移动端网店首页页面的文字则更加精练。

图8-1　移动端网店首页　　　　图8-2　PC端网店首页

4. 分类对比

移动端网店首页页面的分类信息比较简洁、清晰，而 PC 端网店首页页面的分类信息更详细。

5. 颜色对比

PC 端网店首页页面的用色更深，如使用黑色背景渲染网店个性风格。移动端的网店首页在页面中增加了白色的空隙，以实现颜色的自然过渡，使页面整体鲜亮而不失整洁。

6. 浏览习惯对比

在 PC 端，消费者的浏览习惯一般是"商品→关联→商品"，即消费者先通过搜索商品，进入网店的商品详情页，然后通过商品详情页的关联进入其他商品详情页。

在移动端，消费者的浏览习惯更多是"商品→首页→商品"，即消费者先通过搜索商品进入网店的商品详情页，然后回到首页，再进入其他商品详情页。因此，移动端的网店首页应该更加侧重于商品的导购，充分利用好首页空间，尽量设计多个入口，或者以主推商品、销量或收藏排序摆放商品，方便消费者用最短的时间找到需要的商品。

8.1.2　移动端网店首页模块的组成

与 PC 端网店首页布局的原理相同，移动端网店的首页布局同样要考虑消费者的购物逻辑。店招及海报应于第一屏呈现，接下来展现网店的促销活动及商品。当商品较多时，需要设置合理的分类，便于消费者选购。然后是普通的商品展示部分，便于消费者进一步了解更多的商品。在页面底部配以合理的导航区域，让消费者在网店内停留更长的时间。图 8-3 所示为移动端网店首页模块组成。

确定网店框架后，就可以进入移动端网店首页装修后台。以淘宝旺铺为例，页面左侧的可选装修类目包括"图文类""视频类""LiveCard""宝贝类""营销互动类"，按照上面整理出的框架选择左侧的相应模块，将其拖曳到右侧对应的位置中。根据网店商品的多少、排列逻辑的需要，可以自行添加相应模块。图 8-4 所示为将左侧模块拖曳到右侧对应位置。

图8-3　移动端网店首页模块组成

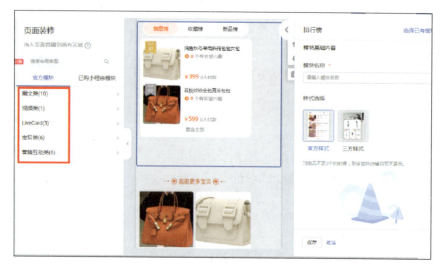

图8-4　将左侧模块拖曳到右侧对应位置

1. 图文类模块

图文类模块包括"轮播图海报""单图海报""店铺热搜""文字标题""多热区切图""淘宝群聊入口模块""人群海报""免息专属飘条""CRM 人群福利 - 店铺模块""官方消费者防诈模块"等，如图 8-5 所示。这里选择"轮播图海报"模块，将其拖曳到右侧对应的位置中可以设置轮播图海报信息。

2. 视频类模块

视频类模块目前只有"单视频"，如图 8-6 所示。将视频模块拖曳到编辑区域，然后添加单视频，编辑好后发布即可。

图8-5 图文类模块

图8-6 视频类模块

3. LiveCard模块

LiveCard 模块包括"测款选品""口腔检测 livecard""天猫 U 先 - 店铺派样",如图 8-7 所示。网店能不能做好，测款选品是最基本的，也是最重要的决定因素，测款的目的是测试收藏、加购、点击率、转化率等，以帮助商家及时调整销售策略。

图8-7 LiveCard模块

4. 宝贝类模块

宝贝类模块包括"排行榜""智能宝贝推荐""系列主题宝贝""鹿班智能货架"，另外还有"免息商品智能货架""大促预售商品货架（天猫预售商家专用）"，如图 8-8 所示。

图8-8　宝贝类模块

5. 营销互动类模块

营销互动类模块包括"店铺优惠券""裂变优惠券""购物金""芭芭农场""店铺会员模块""人群优惠券"，如图 8-9 所示。

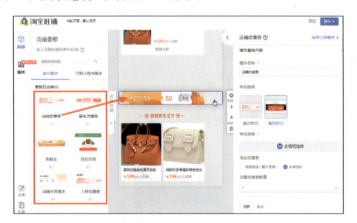

图8-9　营销互动类模块

8.2　设计移动端网店首页

对移动端网店首页进行设计并增强其视觉效果，是增强网店首页吸引力的重要手段，下面介绍如何设计移动端网店首页。

8.2.1　首页装修入口

　　一个设计合理的网店首页能够对网店的发展起到重要的推动作用。移动端淘宝网店首页装修具体操作步骤如下。

　　（1）打开淘宝首页，单击"千牛卖家中心"超链接，如图 8-10 所示，进入卖家中心。

图8-10　单击"千牛卖家中心"超链接

　　（2）单击左侧导航列表中"店铺管理"下的"手机淘宝店铺"超链接，如图 8-11 所示。

　　（3）单击"无线店铺"下的"立即装修"按钮，如图 8-12 所示。

图8-11　单击"手机淘宝店铺"超链接　　　　图8-12　单击"立即装修"按钮

（4）进入"手机店铺装修"页面，单击"默认首页"后的"装修页面"超链接，如图 8-13 所示。

图8-13　单击"装修页面"超链接

（5）打开图 8-14 所示的淘宝旺铺页面装修，该页面左侧主要有 5 个模块，包括"图文类""视频类""LiveCard""宝贝类""营销互动类"。

图8-14　淘宝旺铺页面装修

8.2.2　添加店铺热搜

商家在网店首页可以添加店铺热搜商品，如图 8-15 所示。商家在网店首页添加店铺热搜商品的操作步骤如下。

（1）进入"手机店铺装修"页面，单击"默认首页"后的"页面装修"，打开淘宝旺铺页面装修，选择"图文类"下的"店铺热搜"模块，如图 8-16 所示。

图8-15　店铺热搜商品　　　　　图8-16　选择"店铺热搜"模块

（2）按住鼠标左键，将"店铺热搜"模块拖曳到首页相应的位置，如图8-17所示。

（3）松开鼠标左键，"店铺热搜"模块添加成功。在"店铺热搜"模块中设置模块名称和样式，如图8-18所示。

图8-17　将"店铺热搜"模块拖曳到　　图8-18　在"店铺热搜"模块中设置
　　　　　首页相应的位置　　　　　　　　　模块名称和样式

8.2.3　添加店铺优惠券

店铺优惠券是指商家设定的全店商品都可使用的优惠券。店铺优惠券是一种虚拟的电子现金券，是商家在开通营销套餐后获得的促销工具。商家可以在不用充值的前提下，针对网店新客或不同等级的会员发放不同面额的店铺优惠券。消费者在购买商品时，可以使用获得的店铺优惠券抵扣现金。因为店铺优惠券是商家赠送给消费者的，所以消费者只能在本网店内使用。

　　店铺优惠券具有很大的灵活性和选择空间，完全由商家自定义其面额、发放对象及数量。店铺优惠券可以帮助店铺引流，从而提高商品成交量，使商家获取更多的利润。移动端淘宝首页的店铺优惠券如图 8-19 所示。

图8-19　移动端淘宝首页的店铺优惠券

专家指导

　　在进行视觉设计时，商家一般会将优惠券放在店招或轮播图片的下方，并留出足够的空间。优惠券一般使用较为鲜明的色彩，让消费者能够注意到优惠券，只有这样才能真正发挥其引流与促进转化的作用。应注意的是，过于花哨的设计有时反而会让优惠券淹没在各种视觉元素的冲击之中。

　　商家添加店铺优惠券具体的操作步骤如下。

　　（1）进入"手机店铺装修"页面，选择"营销互动类"下的"店铺优惠券"模块，按住鼠标左键，将"店铺优惠券"模块拖曳到首页相应位置，松开鼠标左键，"店铺优惠券"模块添加成功，如图 8-20 所示。

图8-20 将"店铺优惠券"模块拖曳到首页相应位置

（2）在右侧"模块基础内容"下方，设置"模块名称""样式选择""设置优惠券数量"，如图8-21所示。

图8-21 模块基础内容设置

（3）在"设置优惠券数量"下方，单击"更换样式"按钮，如图8-22所示。

图8-22　单击"更换样式"按钮

（4）系统弹出"选择图片"对话框，从"我的图片"中选择合适的图片。如果没有合适的图片，可以单击"上传图片"按钮上传自己设计好的图片，完成后单击"确认"按钮，如图8-23所示。

图8-23　选择图片

（5）选择完图片后，就可以裁剪图片尺寸，如图8-24所示。裁剪完成后单击"保存"按钮即可完成样式的更换。

图8-24　裁剪图片尺寸

8.2.4　添加上新公告

如今，在网上开店的竞争越来越激烈，商家应该在保证商品质量的基础上，充分挖掘老客户的价值,吸引回头客。在网店首页添加上新公告就是一个好办法,设置上新公告以后,老客户可以及时看到网店的上新消息,如果他们有兴趣,自然会下单购买商品。图 8-25 所示为某网店的新品上市公告。

图8-25 某网店的新品上市公告

商家添加上新公告的具体操作步骤如下。

(1)进入淘宝旺铺店铺装修页面,在"首页"下方单击"全部宝贝"超链接,再单击新品右侧的"设置上新公告"超链接,如图 8-26 所示。

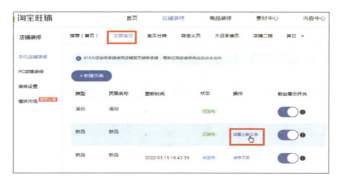

图8-26 单击"设置上新公告"超链接

(2)在弹出的"上新公告设置"对话框中,既可以选择文本公告方式,也可以选择图片公告方式,这里选中"图片公告"单选按钮,单击"上传图片"按钮,如图 8-27 所示。

图8-27 单击"上传图片"按钮

（3）在弹出的"选择图片"对话框中，单击右上角的"上传图片"按钮，如图 8-28 所示。

图8-28　单击"上传图片"按钮

（4）系统弹出"打开"对话框，选择要上传的图片文件，如图 8-29 所示。

图8-29　选择要上传的图片文件

（5）单击"确认"按钮，图片上传成功，如图 8-30 所示。

图8-30　单击"确认"按钮

（6）下面裁剪图片尺寸，根据需要，将图片裁剪为合适的尺寸，如图8-31所示。

图8-31　裁剪图片尺寸

（7）单击"保存"按钮，图片上传成功。在"链接"文本框中输入网址，如图8-32所示，单击"发布"按钮上传图片。

图8-32　输入网址

8.2.5　使用鹿班智能货架添加商品

商家使用鹿班智能货架不但可以解决店铺组货、陈列问题，还可以进行营销。商家使用鹿班智能货架添加商品的具体操作步骤如下。

（1）进入淘宝旺铺店铺装修页面，选择宝贝类下面的"鹿班智能货架"模块。

按住鼠标左键，将"鹿班智能货架"模块拖曳到首页相应位置，如图 8-33 所示。

图8-33　将"鹿班智能货架"模块拖曳到首页相应位置

（2）松开鼠标左键，"鹿班智能货架"模块添加成功。在"模块名称"文本框中输入模块名称，单击"去鹿班选择"按钮，如图 8-34 所示。

图8-34　单击"去鹿班选择"按钮

（3）进入"鹿班智能货架"样式选择页面，选择一个适合自己网店的样式，单击"保存"按钮，如图 8-35 所示。

（4）返回店铺装修页面，完成后的效果如图 8-36 所示。

图8-35 选择样式

图8-36 完成后的效果

专家指导

商家使用鹿班智能货架不仅极大地减少了电商视觉设计人员的工作，降低了其运营成本，而且赋予了其既有设计感又不会雷同的装修模式，提高了导购效率和转化率。

8.3 应用实例——鹿班一键全店智能装修

鹿班智能模板是一款集网店装修和运营于一体的工具，使用它能够有效提高商家装修网店的效率。商家使用鹿班一键全店智能装修的具体操作步骤如下。

（1）进入"千牛卖家中心"，单击左侧导航列表中的"店铺管理"后的下拉按钮，在弹出的列表中单击"智能设计"超链接，如图8-37所示。

（2）进入智能设计工作台页面，单击"鹿班设计"超链接，如图8-38所示。

图8-37 单击"智能设计"超链接

图8-38 单击"鹿班设计"超链接

（3）进入鹿班智能装修页面，单击"立即试用，一键全店装修"按钮，既可按照模板重新装修网店，也可以随意切换各种风格，如图8-39所示。

图8-39　单击"立即试用，一键全店装修"按钮

（4）选择适合自己网店的模板，单击"下一步"按钮，如图8-40所示。

图8-40　选择适合自己网店的模板

（5）在淘宝旺铺编辑后台可以看到应用模板后的效果，单击想要修改的模块，右边会出现一个选项卡，单击"智能作图"按钮，如图8-41所示。

（6）此时可以编辑模板的文字并修改替换图片，编辑完想要修改的内容后，单击"保存"按钮，如图8-42所示。

图8-41 单击"智能作图"按钮

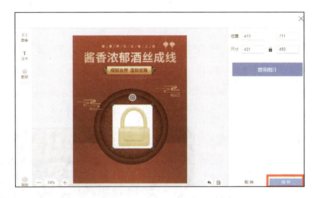

图8-42 单击"保存"按钮

课后练习题 ↓

随着淘宝店铺装修模板的全面上线，淘宝为商家提供了更多个性化的店铺装修模板，在帮助商家提高销量的同时，也提升了高消费者的浏览体验。当购买了模板后，商家就可以自由使用该模板。

（1）商家进入淘宝旺铺店铺装修页面，单击"装修模板"超链接，如图8-43所示。

图8-43 单击"装修模块"超链接

（2）打开装修市场页面，选择相应的装修模板，如图8-44所示。

图8-44　选择装修模板

（3）打开模板详情页面，可以试用模板，如图8-45所示。进入试用环境后，可自由调整模块顺序、排列商品等。

图8-45　试用模板